U0319450

特邀北京围棋队教练**谭炎午**七段指导

围棋入门
一本就够

大图大字版

吴秉铁 编著

化学工业出版社

· 北京 ·

图书在版编目（CIP）数据

围棋入门一本就够：大图大字版/吴秉铁编著. —北京：化
学工业出版社，2017.11 （2024.1重印）
ISBN 978-7-122-30629-6

Ⅰ.①围… Ⅱ.①吴… Ⅲ.①围棋–基本知识 Ⅳ.①G891.3

中国版本图书馆CIP数据核字（2017）第227967号

责任编辑：史 懿　　　　　　　　　装帧设计：刘丽华

出版发行：化学工业出版社（北京市东城区青年湖南街13号　邮政编码100011）
印　　装：三河市延风印装有限公司
787mm×1092mm 1/16　印张19　字数287千字　2024年1月北京第1版第7次印刷

购书咨询：010-64518888　　　　　　　售后服务：010-64518899
网　　址：http://www.cip.com.cn
凡购买本书，如有缺损质量问题，本社销售中心负责调换。

定　价：39.80元

前言

围棋是我国传统文化瑰宝之一，它可以充分展示棋手的智慧，淋漓尽致地体现每位对局者对围棋的理解、对基本技术的运用，它的万千变化体现出围棋的奥妙，展现黑白世界的无穷魅力。

围棋在我国有着悠久的历史，是一项长久以来一直为广大人民群众所喜爱的智力游戏。在一着一式的对弈中，它不但可以培养人们的思维能力，更可以增进人与人之间的友谊，是一项有益、健康、高尚的文体活动。

近年来，随着我国棋手综合能力的迅速提升，多次在世界大赛中获得优异成绩，围棋热在我国再掀高潮，特别是网络围棋的兴起吸引了众多爱好者在茶余饭后"杀上一盘"。本书以特有的讲解方式帮助大家由易到难、由浅及深地学习围棋知识，而每课的练习题更可以帮助大家巩固所学，使自己的基础打得更加扎实，水平得到较大幅度的提升。

希望本书能给大家的围棋进阶之路带来一份收获，让大家更加充分地体验围棋带来的快乐。

本书在编写过程中得到了北京围棋队教练谭炎午老师的指导和韩文利、李宏、吴文辉、郑旭超、刘维强、唐富政、王孔兴、赵忠华、李德忠、孟巩、郭全红、詹家瑜、肖永国、常彦玲、吴炳雪、郭长岭等人的帮助，在此深表谢意。

本书成书略仓促，瑕疵之处，敬请广大读者谅解。

吴秉铁

2017年9月

目录

第一章　基础知识

第二章　吃子基本方法

第三章　死活基础知识

第四章　对杀基础知识

第五章　攻杀基本着法

第九章　中局基础知识

第十章　官子

第十一章　综合应用

第一章 基础知识

　　学习任何一门艺术，都要从基础学起，围棋也不例外。学习围棋基础知识，了解围棋的基本下法和简单规则，是学习围棋的必经之路。这一章的内容较繁杂，希望大家仔细阅读，打下牢固的基础，为今后的深入学习做好准备。

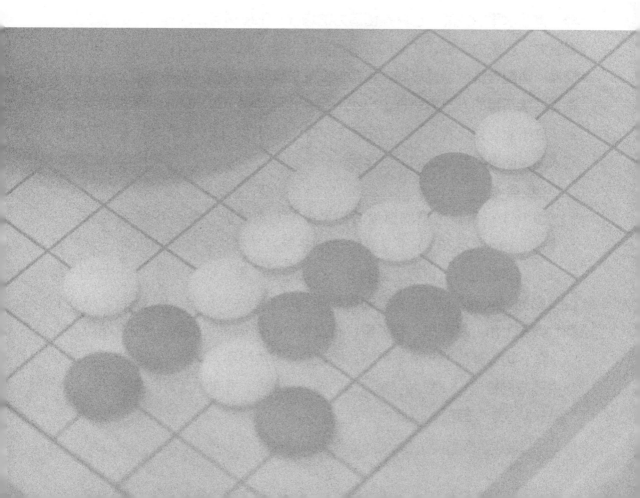

第1课 围棋简介与行棋规则

一、围棋简介

围棋起源于我国，是我国一项古老的文化遗产，至今已有四千年左右的历史。早在晋代《博物志》中，就有"尧造围棋，以教子丹朱"与"舜以子商均愚，故造围棋以教之"的记载。

围棋即弈，又称坐稳，意为静坐似稳；又称"手谈"，即以手行棋而交谈。围棋是一项集智育、体育、美育于一身的运动，下围棋可以开发智力，提高记忆能力，围棋的魅力在于它的千变万化，这就需要人们要有很强的记忆力。下围棋还能发挥人们的创造能力，无论是开局还是中局均变化无穷，古有"棋无同局"之说，取胜之道，在于创新。创新的效果如何，便体现出棋艺水平的差异；棋艺水平的提高，也就是创造力的增强。下围棋可以培养人们的想象力和观察力；想象力丰富，才能构造出优美的棋势、完整的棋局。下围棋可以陶冶情操，情趣典雅，德操高尚，是精神文明的体现。所谓"棋虽小道，品为高"，就是要求下棋的人严肃认真，一丝不苟，作风顽强，意志坚定，尊重对手，做到"胜不骄、败不馁"。总之围棋这种战斗的游戏、数学的艺术、智力的竞技对人的全面发展有一定的促进作用。

1.棋盘

图1-1-1就是围棋的棋盘。它是由等距离的纵、横各19条线组成。共有361（19×19=361）个交叉点，棋子就是下在这些交叉点上的。为了便于识别棋子的位置，棋盘上画有9个点，称为"星"或"星位"，正中间的星位又称为"天元"。在各个星的附近按地域划分为9部分（图1-1-2）：4个角，即左上角、左下角、右下角、右上角；4条边，即上边、下边、左边、右边；角、边以外的地方就是中腹。棋盘的4条边线称为"第一线"或"一路"，向中腹方向推进一线称为"第二线"或"二路"；再向中腹方向推进一线称为"第三线"或"三路"，以此类推。

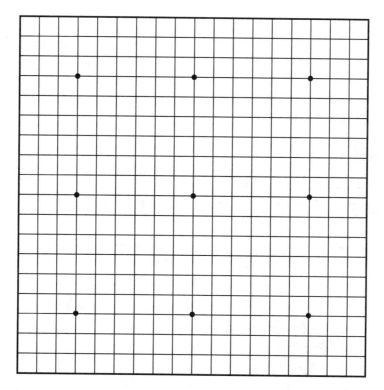

图 1-1-1

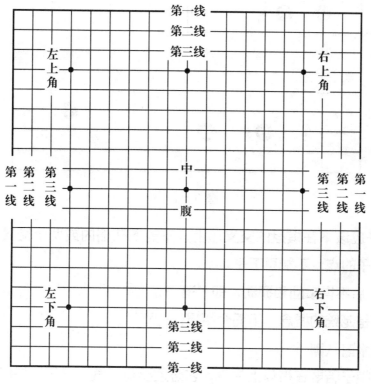

图 1-1-2

2.棋子

围棋的棋子是扁圆形的，分为黑、白两种颜色。其中黑棋181枚，白棋180枚。

二、行棋规则

1.基本规则

① 下棋的双方各执一色棋子，由黑棋先下第一着，然后白方下第二着，每人每次只能下一着，双方交替下子，直至终局。如图1-1-3。

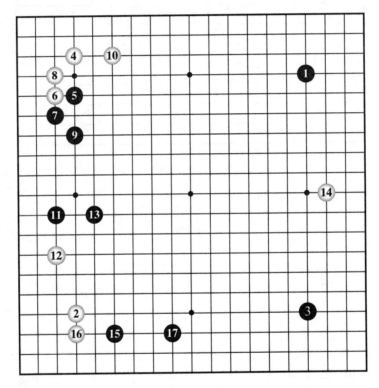

图1-1-3

② 棋子应该下在棋盘的交叉点上，不能下在格内或两个交叉点中间的线上，已有棋子的点，不能再下子。

③ 下子后不得拿回和挪动，即"落子无悔"。

以上只是笼统的概念，下面介绍具体的下法。

2.基础术语八则

①气。棋子若要在棋盘上生存，它必须要有"气"。"气"是指离棋子最近

的、有线连着的空交叉点。

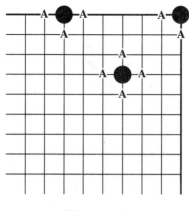

如图1-1-4，A点为黑棋的气，中间的棋子有4口气，边上的棋子有3口气，角上的棋子有2口气。

图1-1-4

同一种颜色的棋子紧密相连称为"整体"，整体的气数共同享有。

如图1-1-5，A点就是黑棋的气数。

如图1-1-6，棋盘上的黑棋还剩几口气？答案：中间的黑棋有2口气，边上和角上的黑棋各有1口气。

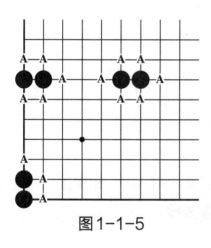

图1-1-5

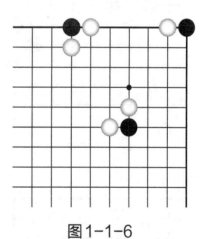

图1-1-6

②打吃。一方下子后造成对方的棋还剩1口气（己方的棋最少要有2口气），所下的这步棋称为"打吃"，也称为"叫吃"。

如图1-1-7，黑⚫走后，白棋只剩1口气了，这步棋称为"打吃"。

又如图1-1-8，黑棋走A后，白棋只剩1口气了，亦为打吃。

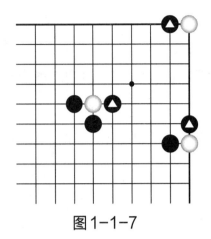

图 1-1-7

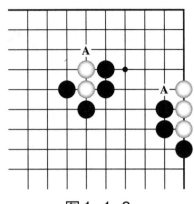

图 1-1-8

③提。下一个子后，堵住对方棋子的最后 1 口气，使对方处于无气状态，即可将无气的棋子从棋盘上拿掉，称为"提子"或"提"。

如图 1-1-9，黑 ▲ 都称为"提"。

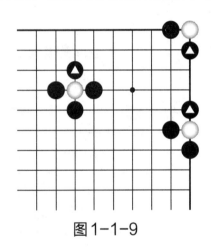

图 1-1-9

如图 1-1-10，黑棋走在 A 位可以将白棋提掉。

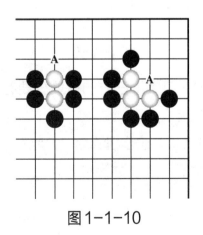

图 1-1-10

下子后，双方的棋子都呈无气状态，下子方应立即提掉对方无气之子。

如图1-1-11，黑棋下在A位，黑方应立即将白棋的5个无气之子提掉。

如图1-1-12，黑棋下在A位，黑棋5子和白棋4子都没气了，黑方应立即将白棋提掉；若白棋下在A位，白方应立即将黑棋提掉。

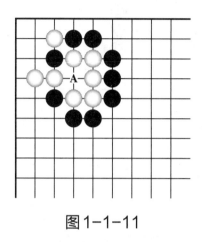

图1-1-11

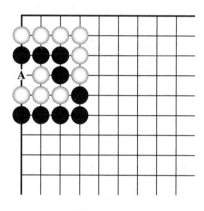

图1-1-12

④长。紧挨着自己的棋子向一端的正前方下一个子，称为"长"。如图1-1-13，黑▲都称为"长"。

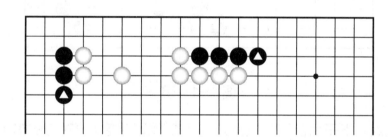

图1-1-13

当己方的棋子还剩1口气，挨着自己的棋下一个子，也称为"长"或"逃"。如图1-1-14，黑▲都称为"长"。

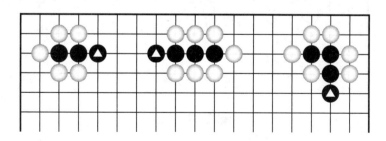

图1-1-14

⑤连。下一个子之后，将自己的两个子或两部分棋子连成一体，这步棋就称为"连"，也称为"粘"。如图1-1-15，黑❹都称为"连"。

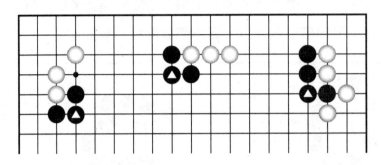

图1-1-15

⑥断。下一个子后将对方的棋分成两部分，这步棋就称为"断"。如图1-1-16，黑❹都称为"断"。

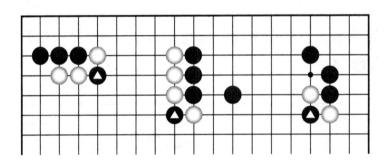

图1-1-16

⑦禁入点。下子后自己的棋呈无气状态而又不能吃掉对方的棋（对方的棋还有气），这个交叉点就称为"禁入点"。如图1-1-17，A位都是黑棋的禁入点，即黑棋不能下在A位。

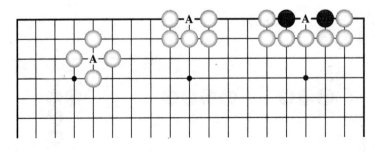

图1-1-17

⑧劫与反提。如图1-1-18A，黑棋下在1位（即"黑1"，本书以下同此

说法），可以提白棋一子，如图 1-1-18B，白棋下在 A 位可以提黑 1 之子，这样循环反复，这盘棋就永远下不完了，这种现象就称"劫"。围棋规则规定：对方提子后不能立即提回，而应隔一步棋后才能提回。"劫"在围棋中是一种特殊现象，本书后面的章节还要详细地论述。

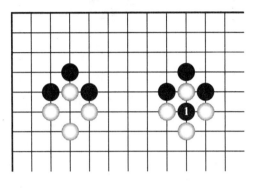

图 1-1-18A

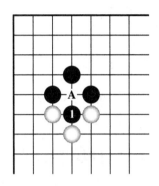

图 1-1-18B

如图 1-1-19A，黑棋下在 1 位可以提白棋二子，而此时黑 1 之子还剩 1 口气，白棋可以立即下在 2 位，吃掉黑 1（图 1-1-19B），这种现象称"提二还一"，也称"打二还一"。

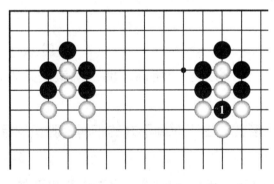

图 1-1-19A

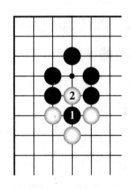

图 1-1-19B

如图 1-1-20A，黑 1 可以提白棋三子，白 2 可以立即提吃黑 1（图 1-1-20B），此种现象称"提三还一"或"打三还一"，以此类推，这种现象统称为"反提"，也称"回提"，回提可以立即进行。

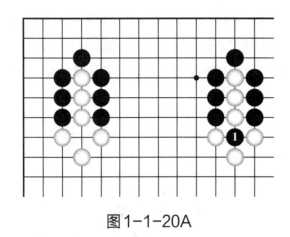

图 1-1-20A

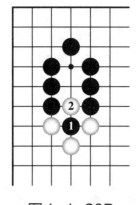

图 1-1-20B

三、终局与胜负的计算

1.终局

终局的意思就是一盘棋下完了。有下列情况出现就可以确认终局。

① 一方认输；

② 在比赛中因犯规而被判负；

③ 在比赛规定时间内未下完棋而被判负，即"超时判负"；

④ 双方都认为无棋可下。

2.胜负的计算

围棋的胜负决定于围地（称为"空"）的大小，所谓"地"就是交叉点，即"占地多者胜"。

①胜负的标准。下围棋有几种对局形式，由于对局形式的不同，胜负的标准也不同。

"分先"一般是在黑方棋手与白方棋手水平相当时或在比赛中所采取的一种对局形式。由于黑方先走，有先手之利，所以围棋规则规定：黑方贴$3\frac{3}{4}$子（7目半，1子＝2目），即计算胜负时要还给白棋$3\frac{3}{4}$子。具体标准是，黑方超过$184\frac{1}{4}$（所围住的交叉点和留在棋盘上棋子数的总和）为胜，不足则负；若计算白棋，白棋超过$176\frac{3}{4}$为胜，不足则负。有些围棋书讲，黑方 185 为胜，白方 177 为胜是不够精确的，但实战计算胜负多用此方法。早年间，也曾为黑方 184 胜，白方 178 胜。

"让先"通常是一方比另一方水平高一些时，所采用的一种对局形式，即让黑方先走，但不贴子。双方以$180\frac{1}{2}$为基数，多则胜，少则负，正好则平。

"让子棋"通常是指导棋，白方棋手要比黑方棋手水平高，白方让黑方若干子以缩小双方水平差距。它的计算标准是，终局时黑棋偿还白棋让子数的一半后，比$180\frac{1}{2}$多则胜，少则负，正好则平。即让4子还2子，让5子还$2\frac{1}{2}$子……例如，一盘让3子的对局，黑方总数为183，胜负结果如何呢？3子的一半是1.5子，用183−1.5=181.5，然后再用181.5−180.5=1，故黑棋赢1子。

②数棋的方法。图1-1-21是一盘分先的对局，双方已确认终局，如何计算胜负呢？

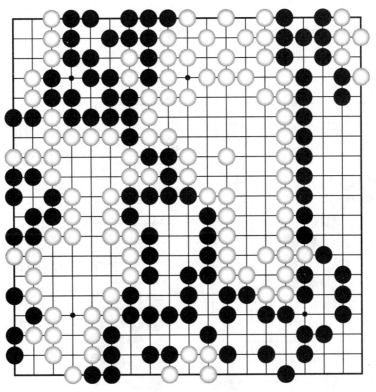

图1-1-21

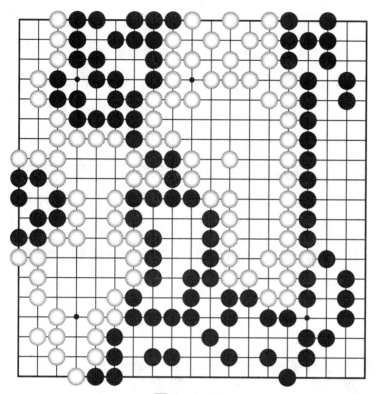

图1-1-22

第一步：先把双方的死棋拿下去（如何判断棋形的死活，本书下文有详解），如图1-1-22。

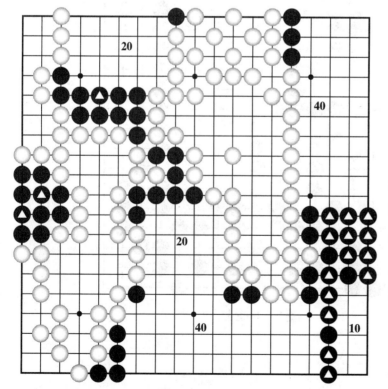

图1-1-23

第二步：确定数哪方的棋（通常数黑棋），数棋的过程称为"做棋"。

第三步：将黑棋的空摆成方形（不能动白棋的子，如确需移动，要与黑棋换位，但不可将白子从棋盘上拿走），如图1-1-23。

第四步：将方形的长、宽相乘，以整十记数，其他零散空用棋子填齐（如 ⬤子）。

第五步：将所有的空相加，双方确认（40+10+40+20+20=130）。

第六步：数子，即数棋盘上剩余的黑子，以十为单位摆成一堆（例如6堆零1个即61个）。

第七步：把空和子的数字相加即为总数（130+61=191）。

第八步：用总数减去 $184\frac{1}{4}$（$191-184\frac{1}{4}=6\frac{3}{4}$），即黑胜 $6\frac{3}{4}$ 子。

随手练

一、指出下面题中黑棋的气数。

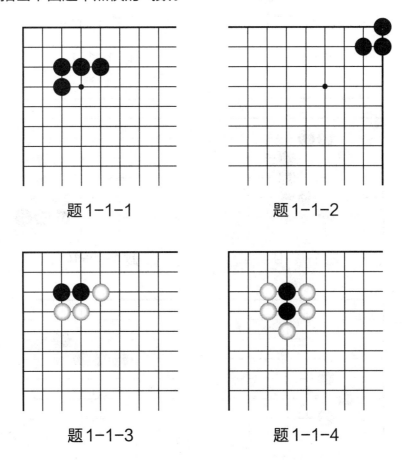

题1-1-1　　　　　　　　题1-1-2

题1-1-3　　　　　　　　题1-1-4

二、以下各题该黑棋走（黑先），黑棋应该下在哪?

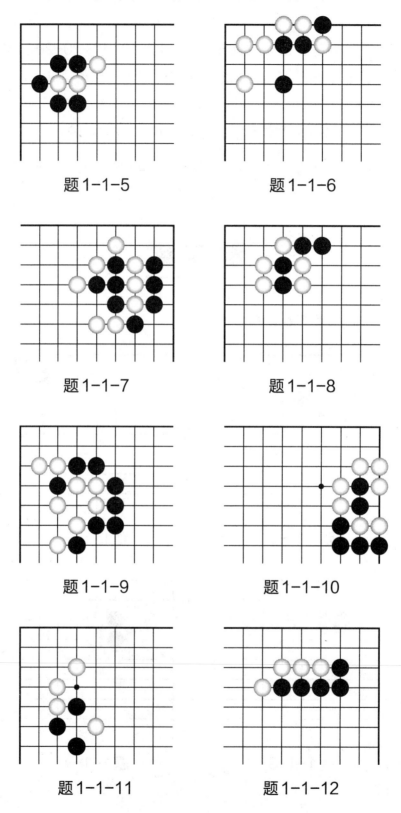

题 1-1-5

题 1-1-6

题 1-1-7

题 1-1-8

题 1-1-9

题 1-1-10

题 1-1-11

题 1-1-12

第二章　吃子基本方法

　　经过第一章的学习，我们已经了解了围棋的基础知识，从本章开始，我们学习围棋中简单的吃子方法，掌握这些吃子方法对提高大家的棋艺水平有着重要的作用。希望大家反复练习，掌握这些吃子方法的棋形和使用条件，力争将其应用到实战中。

第2课 双吃、门吃、抱吃

在下围棋时，如果能够痛快地吃掉对方一块棋而令对手佩服，心情该是多么愉快。要想成为这样的棋手，就要掌握吃子的方法，提高吃子的能力。本课我们学习3种简单吃子的方法。

一、双吃

下子后，使对方的两个棋子或两部分棋子同时剩1口气，这步棋就称为"双吃"，也称"双叫吃""打双吃"。

如图2-2-1A，黑1即为双吃。两边的白棋都剩1口气了。

如图2-2-1B，白2如逃这边，黑3则吃掉另一边的白棋。

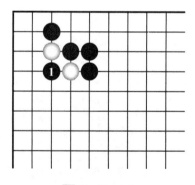

图2-2-1A

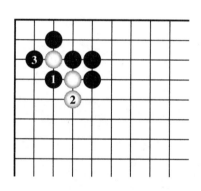

图2-2-1B

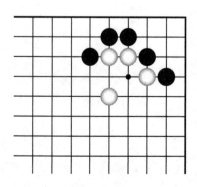

图2-2-2A

如图2-2-2A，想一想，黑棋下在哪儿可以双吃白棋？

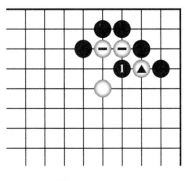

如图2-2-2B，黑1可以同时打吃白⊖二子和白▲一子，黑1称为双吃。

图2-2-2B

如图2-2-3A，此图棋子较多，请仔细看，黑棋下在哪儿可以双吃白棋?

如图2-2-3B，黑1可以双吃白棋，白2如连，黑3提，可以救出黑▲一子。

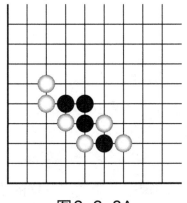

图2-2-3A

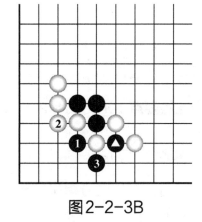

图2-2-3B

如图2-2-3C，白2如提黑▲一子，黑3提，白棋不能两全。

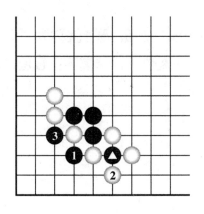

图2-2-3C

如图2-2-4A，此图比较复杂，请仔细观察角部的白棋，想一想，黑棋怎么走才能双吃白棋？

从表面上看，黑棋好像没有双吃白棋的着法。但是由于白棋的断点太多，黑棋可以先借助打吃，再制造双吃白棋的机会。具体着法如图2-2-4B所示，黑1打吃，白2连，黑3双吃，白棋必死一处。

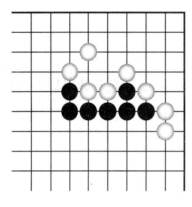

图2-2-4A

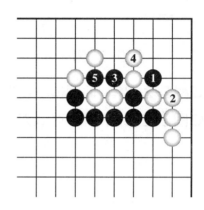

图2-2-4B

注意：棋的断点太多（3个以上）容易出现双吃。

双吃的要点：①走在对方的断点处；②自己的棋是2口气。

二、门吃

下子后，封住对方棋子的出路并打吃对方的棋子，像关门一样的吃子着法，就称为"门吃"，也称"关门吃"，还有人称为"闷打"。这是一种简便而有效的吃子方法，一打即死，干净利落。

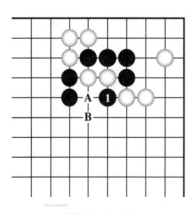

如图2-2-5，黑1就称为"门吃"。白棋如在A位逃，黑棋下在B位，白棋死得更多。

图2-2-5

如图2-2-6A，黑棋能把被围的⚫二子救出来吗？

如图2-2-6B，黑1门吃是正确的下法，这样黑⚫二子就得救了。

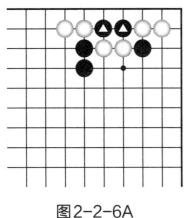

图2-2-6A

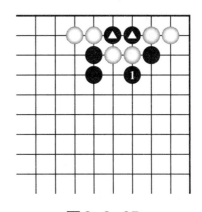

图2-2-6B

如图2-2-7A，外围的黑棋A位有双吃，黑棋是选择在A位连呢，还是有更厉害的手段？

如图2-2-7B，黑1既是断，又是打吃（门吃），简称"断打"，厉害！由于白▲三子在一二线，无路可逃，被黑棋杀死了，而黑棋A位的缺陷也没有了，黑1好棋，一举多得。

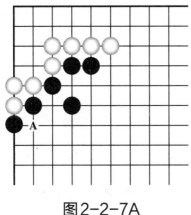

图2-2-7A

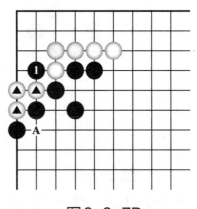

图2-2-7B

如图2-2-8A，黑⚫二子被白棋包围了，还剩两口气，很危险。黑棋怎么下能救出黑⚫二子？

如图2-2-8B，黑1断打，正着，白2若逃，黑3连，形成门吃，黑⚫二子得救。

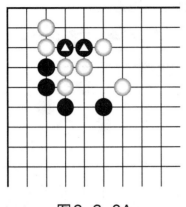

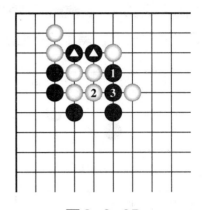

图2-2-8A   图2-2-8B

门吃的要点：①对方的棋形有断点；②对方的棋子气数少（通常是2口气）。

三、抱吃

下子后，把对方的棋子往己方有棋子拦截的方向赶，像用手抱住对方，这种吃子的方法称为"抱吃"。

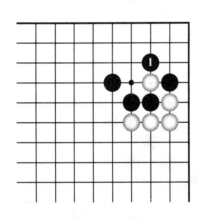

如图2-2-9，黑1就称为"抱吃"。被抱吃的棋子是逃不了的。

图2-2-9

如图2-2-10A，想一想，你能救出被白棋包围的黑▲二子吗？

如图2-2-10B，黑1为正着，白▲三子被抱吃，无路可逃，黑▲二子得救。

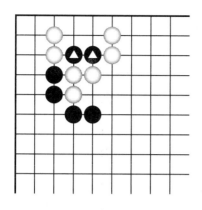

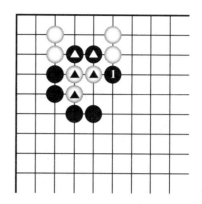

图2-2-10A   图2-2-10B

如图2-2-11A，黑 ⬤ 五子快被白棋包围了，而且气数又少，很危险，能救出这几个黑子吗?

如图2-2-11B，黑1打吃为正着，白2若逃，黑3再打，由于有黑 ➖ 一子，白棋逃不掉，被抱吃。

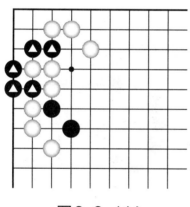

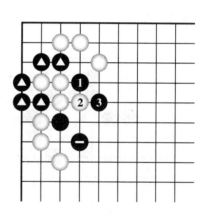

图2-2-11A   图2-2-11B

抱吃和门吃很相似，一旦被对方打吃，就逃不掉了，因此它们的要点也相似。

抱吃的要点：①对方的棋子气数少；②在对方棋子的逃跑方向有己方的棋子；③对方的棋形有断点。

随手练

以下各题均为黑先，要吃掉白棋的子，黑棋应该下在哪里呢？请仔细观察，认真思考。

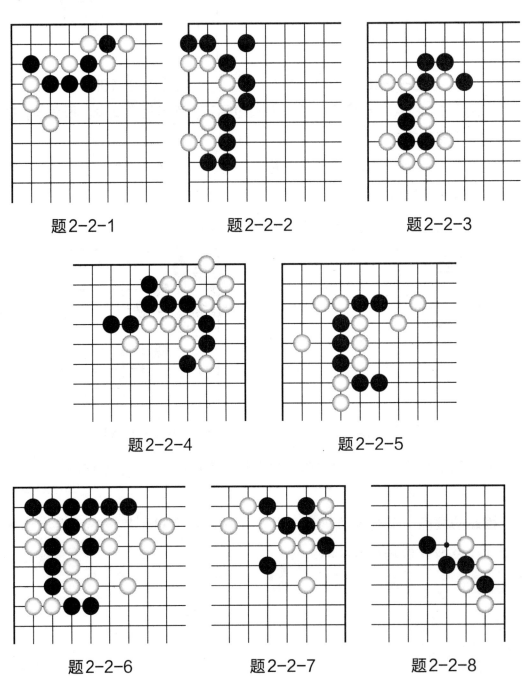

题2-2-1　　　　　题2-2-2　　　　　题2-2-3

题2-2-4　　　　　　　题2-2-5

题2-2-6　　　　　题2-2-7　　　　　题2-2-8

第3课 征子、封

通过学习双吃、门吃和抱吃，大家对吃子的方法有了初步的了解，本课我们学习征子和封两种吃子的方法。

一、征子

下子后，打吃对方的棋子，对方长出时只有2口气，己方再迎头堵住，一直打到对方没有地方逃，最后把对方的棋子吃掉，这种吃子的方法就称为"征子"，也称"征吃"，俗称"扭羊头"。征子时要保持己方的全部棋子都有2口或2口以上的气。

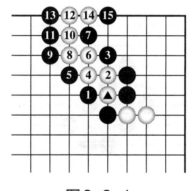

图2-3-1

如图2-3-1，黑1打吃白▲一子，白2逃，黑3堵头，白4逃，黑5再堵头，直至黑15，白棋被吃，这就称为"征子"。被征子的棋子不能逃，越逃死得越多。

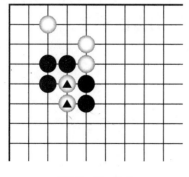

图2-3-2A

如图2-3-2A，黑先，怎样才能吃掉白▲二子？

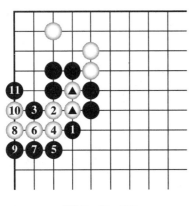

如图2-3-2B，黑1打吃，白2逃，黑3堵头，至黑11，白被征死。

图2-3-2B

如图2-3-3A，白棋有⊖子，黑棋还能征吃白▲子吗？

如图2-3-3B，黑1打吃，白2逃，黑3堵头，至白10，白被征的棋子和⊖子连起来了，白棋有3口气，黑棋不能连续打吃，白棋有 A、B、C 等位双吃黑棋的手段，这样黑棋就溃不成军了。白棋在征子路线上的⊖子称为"接应子"。当对方的棋子有接应子时，不能征子。

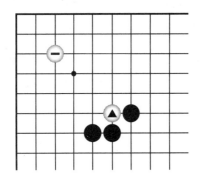

图2-3-3A

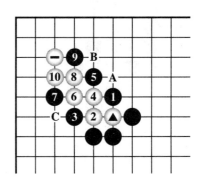

图2-3-3B

如图2-3-4A，黑先，能否吃掉白▲二子，注意白⊖子。

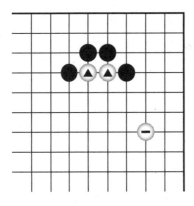

图2-3-4A

如图2-3-4B，黑1从这边打吃为正着，白2逃，黑3征子，这样让白棋越走离白⊖子越远，绕过接应子，形成征子。

如果黑棋不注意观察，走成图2-3-4C，白⬤二子就与接应子连上了，黑棋不但吃不掉白⬤二子，反而会被白棋反击，黑棋将溃不成军。

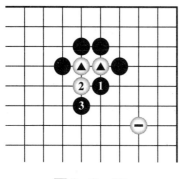

图2-3-4B

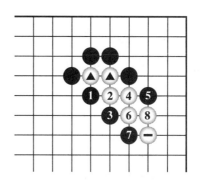

图2-3-4C

如图2-3-5A，黑先，想办法吃掉白⬤二子，注意观察棋形，选择征子方向。

如图2-3-5B，黑1往边上征子方向正确，白2逃，黑3征子，白棋被吃。

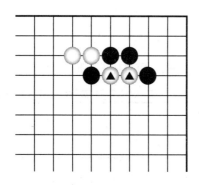

图2-3-5A

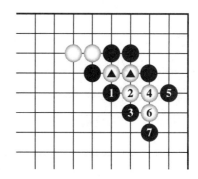

图2-3-5B

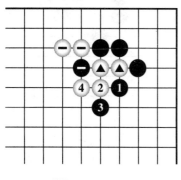

图2-3-5C

如图2-3-5C，黑1若从这边打，白2逃，黑3征子，白4再逃后，黑⊖子被打吃，无法再继续征子，这样白⬤二子就逃掉了，黑棋征子方向错误。左边的白⊖二子也是接应子。

使用征子方法时，先要看对方有没有接应子，如果有想办法绕过去就可征子，如果绕不过去就不要征子了。

接应子通常有两种情况：①在征子路线上；②在要征吃的棋子的周围。

征子的要点：①对方的棋子有2口气；②迎头堵住对方逃的棋子，每步棋都是打吃；③征子到二线就不用堵头了。

二、封

下子后，将对方棋子的几条出路封住，使对方无法逃掉，置对方的棋子于死地，这种着法称为"封"，也称"枷"。

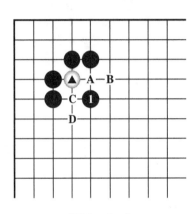

如图2-3-6，黑1封，白棋A位逃，黑棋在B堵，形成门吃；白棋C位逃，黑棋D位堵，白棋依然逃不掉。

图2-3-6

如图2-3-7A，黑先，怎样走才能吃掉白▲二子？

如图2-3-7B，黑1封，白有3条出路可逃，其中白2逃，黑3堵，白4再逃，黑5堵住，白棋被吃。其他出路，请大家自己验证。无论白棋选择哪条路，黑棋堵住，白棋最终都会被吃。

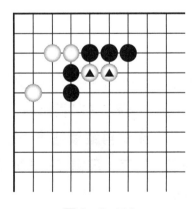

图2-3-7A

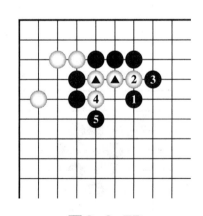

图2-3-7B

如图2-3-8A，黑先，想一想怎样才能吃掉白▲子？请注意白─子。

如图2-3-8B，黑1打吃，白2逃，黑3封，正着，白被封死。因为有白─子，所以不能征子。

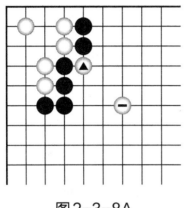

图2-3-8A

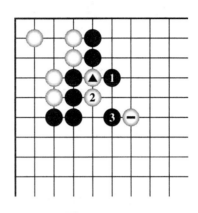

图2-3-8B

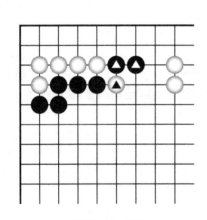

图2-3-9A

如图2-3-9A，黑先，黑▲二子被白棋断了，有危险，想办法把白▲子吃掉，将黑棋连起来。

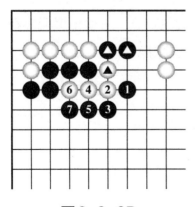

图2-3-9B

如图2-3-9B，黑1封，正着，白2逃，黑3扳（双方棋子紧挨在一起时，一方棋子在对方棋子的头上下一着，即为扳），至黑7白棋被吃。像黑1这样使对方的棋子能逃几步后被杀又称为"软封"。

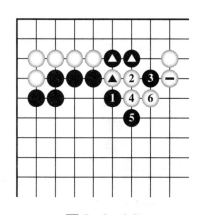

如图2-3-9C，黑1利用征子吃白棋，白2逃至白6，黑3被打吃，黑棋征子失败，白⊖是接应子。

图2-3-9C

如图2-3-10A，黑先，白棋的空里存在缺陷，想办法吃掉白▲。

如图2-3-10B，黑1断打，正着，白2逃，黑3再打，白4逃，黑5封，白棋被吃。

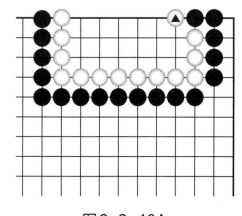

图2-3-10A

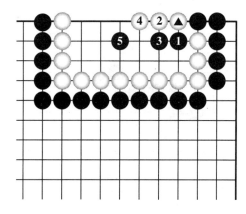

图2-3-10B

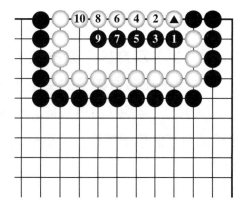

图2-3-10C

图2-3-10C，黑1至黑9一路追打白棋到白10，白棋和援兵连在一起，黑棋无法吃掉白棋。

封的要点： ①棋形通常两边都要比对方多一子；②走在要吃的棋子的斜上方或斜下方；③封的两边的棋子是可以移动的。

以下各题均为黑先，走在哪里能吃掉白子呢？

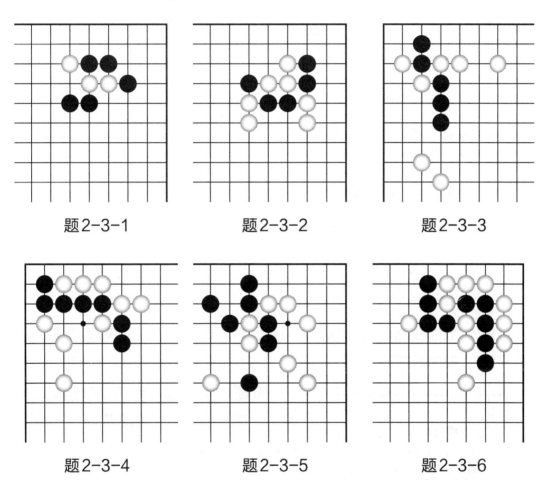

题 2-3-1   题 2-3-2   题 2-3-3

题 2-3-4   题 2-3-5   题 2-3-6

第4课　倒扑与接不归

下棋时，如果能够利用学过的吃子方法，吃掉对方的棋子，想必是一件非常高兴的事情，本课我们继续学习两种吃子的方法。

一、倒扑

首先让我们认识一下"虎口"。

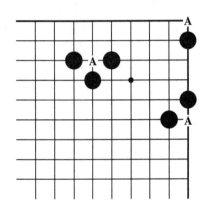

图2-4-1

如图2-4-1，图中分别是中间、边上和角上"虎口"的形状。A位称为"虎口"。

往对方棋的虎口里下子，送给对方吃，然后立即将对方的棋子反提掉，这种吃子的方法称为"倒扑"。

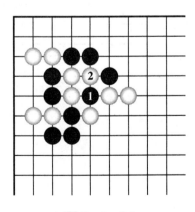

图2-4-2A

如图2-4-2A，黑1下在白棋的虎口中，送给白棋吃，白2若提，形成图2-4-2B。

如图2-4-2B和图2-4-2C，白▲三子还剩1口气，黑3提白棋三子。

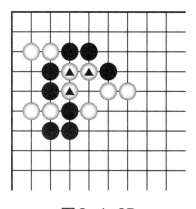

图2-4-2B

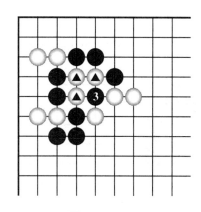

图2-4-2C

从以上的图来看黑1就称"倒扑"。被倒扑的棋跑不掉，不要再反抗了，否则死得更多。

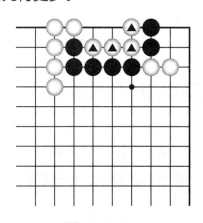

图2-4-3A

如图2-4-3A，角上的两个黑子被白棋包围了，想办法吃掉白▲四子。

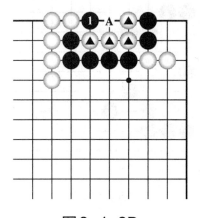

图2-4-3B

如图2-4-3B，黑1扑正着，白棋若在A位提，黑棋再下1位可吃白棋五子，白棋被倒扑。

如图2-4-4A，黑棋被白棋分开并且被白棋包围了，想办法吃掉白⚫五子，将黑棋连起来。

如图2-4-4B，黑1送吃，好棋！白2提，黑棋再下1位，形成倒扑。

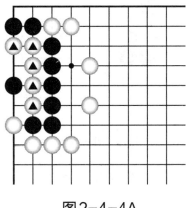 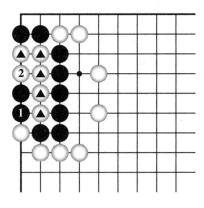

图2-4-4A   图2-4-4B

下子后，造成对方两边的棋都被"倒扑"，这种吃子的方法称为"双倒扑"。

如图2-4-5，黑1后，白棋若下在A位提是倒扑；若下在B位提也是倒扑，这就是"双倒扑"。

如图2-4-6，黑1托（在边角处，己方的子走在对方子之下即为托），妙手。给白棋造成了两个倒扑，白棋下在A位，黑棋下在B位，形成倒扑；若白B，则黑A，也是倒扑。

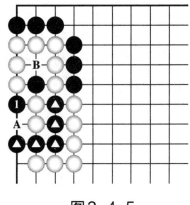 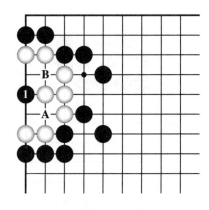

图2-4-5   图2-4-6

不但可以用倒扑的手段吃子，还可以利用扑的着法，与其他吃子方法结合起来，将对方的棋子吃掉。

如图2-4-7A，黑先，怎样吃掉白▲二子？注意白棋外围的两个援兵。

如图2-4-7B，黑1扑，正着，白2提，黑3打吃，白4下在黑1处连，黑5再打，形成抱吃。

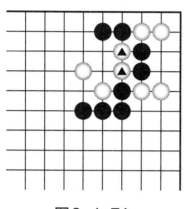

图2-4-7A

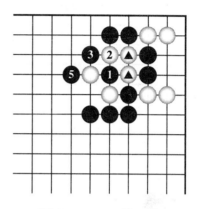

图2-4-7B ④=❶

如图2-4-8A，黑先，如何救出被围的五子？

如图2-4-8B，黑1扑，正着，白2提，黑3打吃，白4下在黑1处连，白棋剩2口气，黑棋可以用征子，也可以用封的方法吃掉白棋。

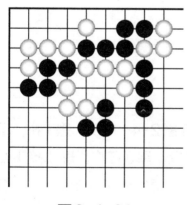

图2-4-8A

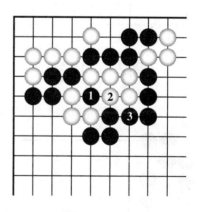

图2-4-8B

扑的作用：减少对方棋子的气数。

倒扑的要点：①对方的棋子剩2口气；②下在对方棋的虎口里。

二、接不归

下子后，造成对方的棋子还剩1口气，对方的棋子和援兵连上后，还是1

口气，这种吃子的方法称为"接不归"。

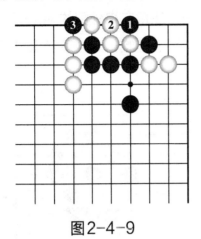

图2-4-9

如图2-4-9，黑1打吃，白2若连，白棋仍只剩1口气，黑3提。被吃接不归的棋不要再连了，连上会死得更多。

下棋时，经常利用扑的手段，给对方的棋制造接不归。

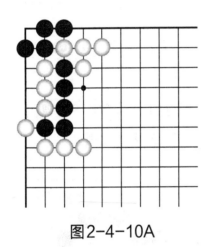

图2-4-10A

如图2-4-10A，黑先，角上的黑棋被白棋包围了，如何将它们救出呢？

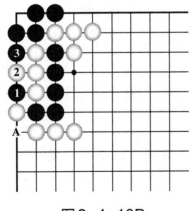

图2-4-10B

如图2-4-10B，黑1扑，正着。白2若提，黑3打吃，形成接不归，白棋被吃，两块黑棋就连起来了。白2若在A位接，黑3仍打吃，形成接不归。

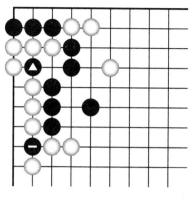

图2-4-11A

如图2-4-11A，黑先，怎样走才能救出角上的三子？

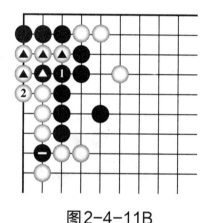

图2-4-11B

如图2-4-11B，要想救出角上的黑棋，必须吃掉白▲四子。如黑1连，白2也连，白棋有2口气，而黑⚫子，只有1口气。黑棋不能吃掉白棋，角上的黑棋就死掉了。

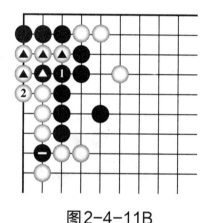

图2-4-11C

如图2-4-11C，黑1扑，正着，白2提，黑3连，同时打吃白棋，由于有黑⚫子，形成了接不归，白棋不能连。白2若下在黑3处，形成倒扑；白棋被吃，角上的黑棋得救。

接不归的要点：①对方被打吃后跟援兵去连，连不上；②经常利用扑将对方棋的气数变少。

随手练

以下棋形黑棋先行，吃掉白子。

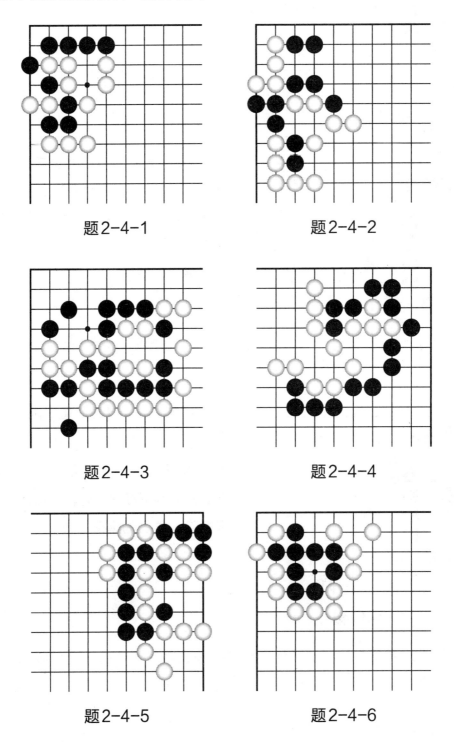

题2-4-1

题2-4-2

题2-4-3

题2-4-4

题2-4-5

题2-4-6

第三章　死活基础知识

从本章开始，我们学习围棋死活方面的知识。这部分内容非常重要，特别是"做眼和破眼"，在下棋时，大家养成做眼和破眼的习惯，掌握好做眼和破眼的时机。本章提到的围棋死活基本型，希望大家牢记。

第5课　真眼、假眼、死棋、活棋

前几课我们学习了简单的吃子方法，大家对围棋也有了初步的了解，要想学好围棋，还需学习很多围棋知识，本课我们学习有关眼和死活的基础知识。

一、眼的知识

1.眼的基本图形

眼的基本图形就是吃完对方一个棋子的图形。

如图3-5-1，眼的基本图形分别在角上、边上和中间。

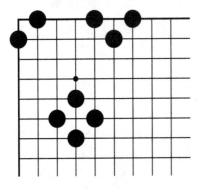

图3-5-1

2.真眼

把眼的基本图形连成一个整体，就称为真眼。

如图3-5-2，A位就称为"真眼"。

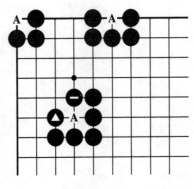

图3-5-2

其中，中间的真眼黑 ⬤ 子与黑 ⊖ 子是连着的，如图3-5-3，从黑 ⬤ 子出发逆时针，直到黑 ⊖ 子（或将这7个棋子打开），黑棋是连着的。因此，B位有没有子跟眼的性质没关系，也可以说，4个顶端的子只能去掉一个。

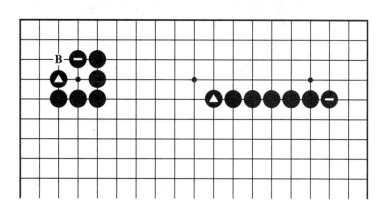

图3-5-3

3.假眼

眼的基本图形没连成一个整体，即被对方的棋子断开了，这样的眼就称为假眼。

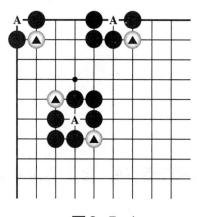

如图3-5-4，这3个眼都是假眼。

图3-5-4

4.大眼

同一种颜色的几个棋子围住两个以上交叉点就称为"大眼"。

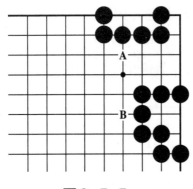

图3-5-5

如图3-5-5，A、B两个图黑棋的眼都是大眼。

围棋还有其他形式的大眼，只要围的空多就是大眼，今天我们只是简单地了解一下，在今后的学习中还要详细地介绍。

二、死活基础

我们这里讲的活棋和死棋，都是在被对方包围的情况下来讨论的。

1.活棋

简单地讲，有两只真眼的棋就是活棋。

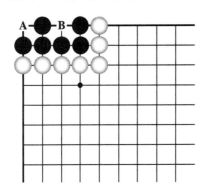

题3-5-6

如图3-5-6，黑棋被白棋包围了，但黑棋有两只真眼，白棋A、B两点都不能下子，无法吃黑棋，所以黑棋是活棋。

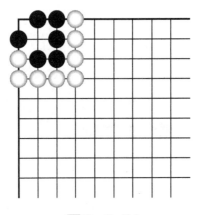

图3-5-7A

如图3-5-7A，角上的黑棋是活棋吗?

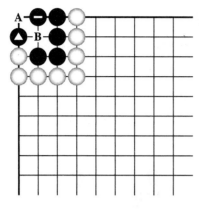

图3-5-7B

如图3-5-7B，角上的黑棋是活棋。黑▲子和黑➖子好像没连着，但由于A位和B位白棋不能进入，就相当于黑棋是连着的，所以A眼和B眼都是真眼。

2.死棋

简单地讲，没有两只真眼的棋就是死棋。

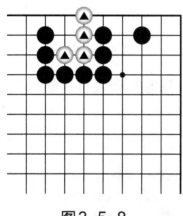

图3-5-8

如图3-5-8，被围的白棋没有眼，所以白棋是死棋。

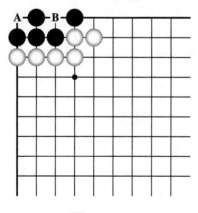

图3-5-9

如图3-5-9，黑棋被白棋包围了，黑棋A眼是真眼，B眼是假眼，所以黑棋是死棋。

被对方包围有两只真眼就是活棋，没有两只真眼就是死棋。因此判断真假眼十分重要，请大家仔细观察以下各图，找出图中的真眼和假眼，进一步判断被包围的棋是活棋还是死棋。

如图3-5-10A，白棋的两只眼都是真眼吗？

如图3-5-10B，A眼是真眼，B眼是假眼，所以白棋是死棋。

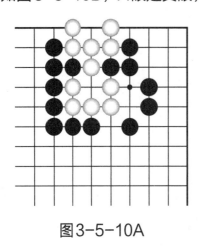

图3-5-10A   图3-5-10B

如图3-5-11A，请仔细观察，黑棋有几只眼？哪只是真眼？哪只是假眼？黑棋是活棋还是死棋？

如图3-5-11B，A眼、B眼是假眼，C眼、D眼是真眼，黑棋是活棋。

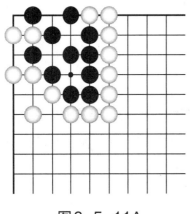

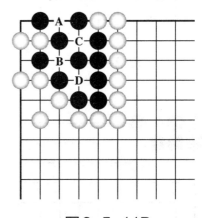

图3-5-11A   图3-5-11B

真眼和假眼识别要点：真眼是连着的，永不消失；假眼是没连着的，将来会消失。

随手练

以下各图被围的黑棋是活棋吗？

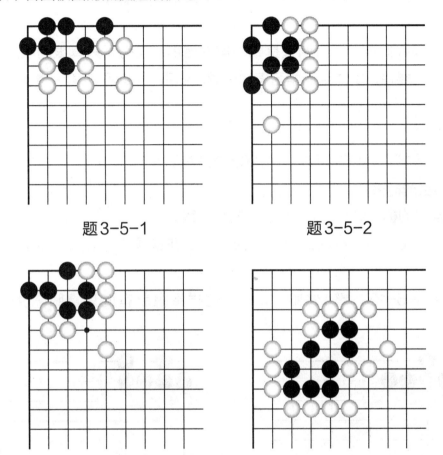

题3-5-1

题3-5-2

题3-5-3

题3-5-4

第6课 做眼和破眼

前一课我们学习了有两只真眼的棋是活棋，没有两只真眼的棋是死棋，可见眼的重要性，本课我们学习怎样造眼（做眼）、如何破眼。

一、做眼

做眼是指下一步棋，自己的棋就能做出眼了。

1.做眼的时机

当自己的棋被对方的棋包围了，赶快做眼。

如图3-6-1A，黑棋被白棋包围了，现在该黑棋下，想一想该下在哪里呢？

如图3-6-1B，黑1做眼，正解。这样黑棋就有两只真眼，也就是活棋了。

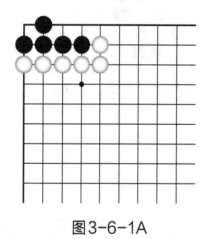

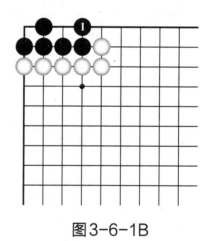

图3-6-1A　　　　　　　　　图3-6-1B

2.做眼的方法

①连。将不完整的眼变成真眼。

如图3-6-2A，黑先，该下在哪呢？

如图3-6-2B，黑1连，正着，这样黑棋的眼就完整了，两眼活棋。

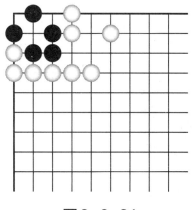

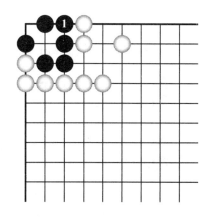

图3-6-2A 图3-6-2B

②做两眼。一步棋做出两只眼。

如图3-6-3A，黑先，下在哪里能活？

如图3-6-3B，黑1做眼，正解。黑1一步棋可以做两只眼，黑棋立即成为活棋，这样的要点要赶快占。

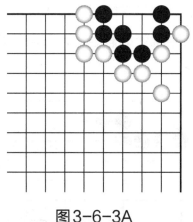

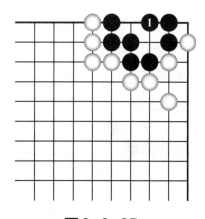

图3-6-3A 图3-6-3B

做眼的方法有很多，在今后的学习中还要详细讲解，这里大家只要有做眼的意识，掌握简单的做眼方法就可以了。

二、破眼

破眼是指下一步棋，破坏对方棋的眼位，即不让对方做出两只眼。

1. 破眼的时机

把对方的棋包围后赶快破眼。

如图3-6-4A，黑棋把白棋包围了，白棋现在有一只眼，想一想黑棋应该下在哪里？

如图3-6-4B，黑1扳，正解。这样白棋就只剩一只眼了，被黑棋杀死了。

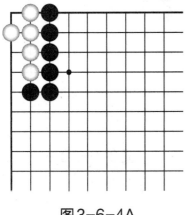

图3-6-4A

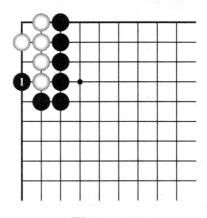

图3-6-4B

2.破眼的方法

①挤。将对方棋的不完整的眼变成假眼。

如图3-6-5A，黑棋已经把白棋包围了，黑棋下在哪里可以杀死白棋？

如图3-6-5B，黑1挤，正解。白棋的A眼就变成假眼了，白棋只有一只真眼，被杀死。

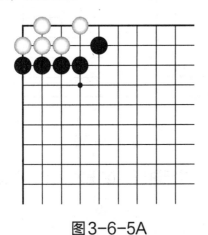

图3-6-5A

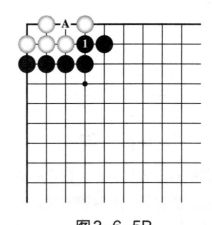

图3-6-5B

②扑。将对方棋的不完整的眼变成假眼。

如图3-6-6A，黑先，白棋似乎已经有两只眼，现在该黑棋下，能否破掉白棋的眼呢？

如图3-6-6B，黑1扑，正解，这样白棋的眼就变成假眼了，白棋被杀死。

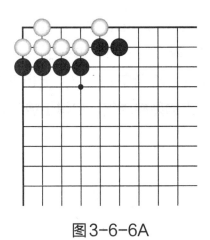

图3-6-6A

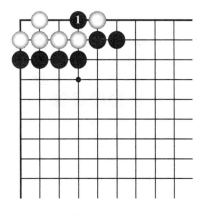

图3-6-6B

③提前占位。将对方棋可能出眼的地方占领。

如图3-6-7A，黑棋把白棋包围了，该黑棋走，下在哪里可以杀死白棋？

如图3-6-7B，黑1冲，正解。这样白棋就没有地方做眼了，白棋只有一只眼，被杀死。

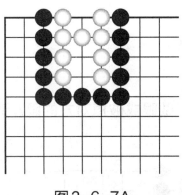

图3-6-7A

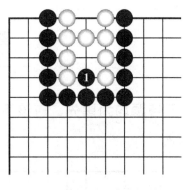

图3-6-7B

④点眼。占据对方棋的眼形要点。

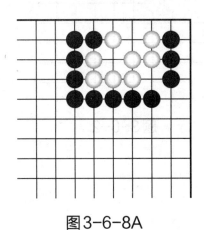

图3-6-8A

如图3-6-8A，黑先，怎样走可以破掉白棋的眼？

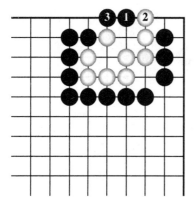

图3-6-8B

如图3-6-8B，黑1点眼，正解。白2立，黑3长就与黑棋连上了，白棋被杀死；白2若下在3位，黑棋下在2位与角上的黑棋联络，白棋也被杀死。

以上简单介绍了4种破眼的方法，随着围棋水平的提高，今后还要学到更多破眼的方法。通过本课的学习，大家要有做眼和破眼的意识并学会简单的做眼和破眼的方法。

随手练

以下各题均为黑先，应该下在哪里能够做眼或破掉对方的眼？请仔细思考。

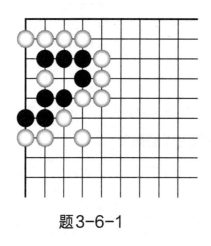

题3-6-1

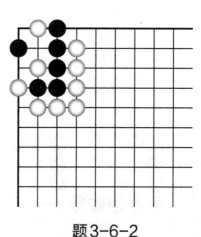

题3-6-2

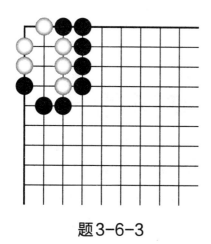

题3-6-3

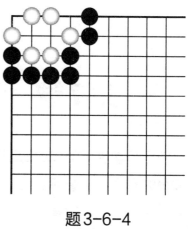

题3-6-4

第7课 死活基本型

前面我们已经学过了简单的做眼和破眼的知识，下棋时，会出现很多复杂的做眼和破眼的问题，要想解决好此类问题，必须学习围棋死活基本型，这些棋形是解决围棋死活问题的基础，本课我们就学习死活基本棋形。

被对方包围的棋要想做两只眼，至少要围3个交叉点，所以围棋死活基本型从"三"开始讲起。死活基本型分为三类：死棋型、活棋型、半死半活型。

一、半死半活型

有一种棋形，该己方走是活棋，对方走是死棋，是否活棋的关键看该谁走，这种棋形就称为"半死半活型"。

如图3-7-1A，黑棋围了3个交叉点，并且在一条直线上，我们称为"直三"。A位是双方必争之点。

如图3-7-1B，如果轮黑棋下，黑1占要点，做成两只眼，活棋。

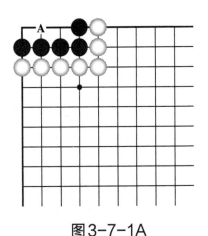

图3-7-1A   图3-7-1B

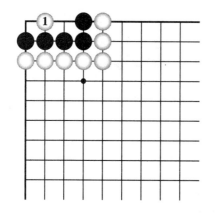

如图3-7-1C，如果轮白棋下，白1点眼，抢占要点，黑棋无法再做两只眼，已死。

图3-7-1C

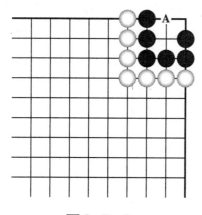

如图3-7-2，黑棋同样围了3个交叉点，但不在一条线上称为"曲三"，也称"弯三"。A位是要点。

图3-7-2

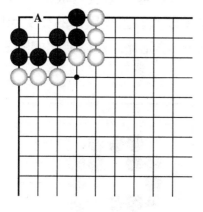

如图3-7-3，黑棋围了4个交叉点，呈"丁"字形状，称为"丁四"，也称"斗笠四"。A位是双方必争的要点。

图3-7-3

如图3-7-4A，黑棋围了5个交叉点，其形状像"菜刀"，故称为"刀五"或"刀把五"，A位是要点。由于黑棋的交叉点比较多，当白棋点眼时，黑棋有反抗的手段，但也于事无补。具体变化如图3-7-4B所示。

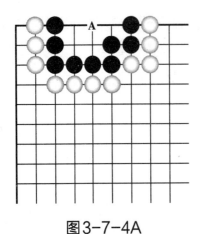

图3-7-4A

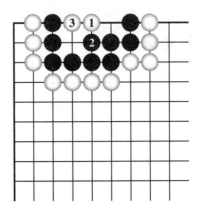

图3-7-4B

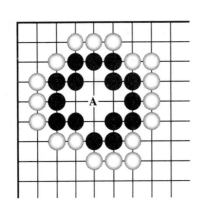

图3-7-5

如图3-7-5，黑棋围了5个交叉点，其形状像"一朵花"，故称为"花五"，也称"梅花五"。中间"花心"A位是要点。

如图3-7-6A，黑棋围了6个交叉点，其形状与"花五"很像，故称为"花六"，也称"葡萄六"。中间"花心"A位是要点。由于黑棋的交叉点比较多，当白棋点眼时，黑棋有反抗的手段，但也于事无补。具体变化如图3-7-6B所示。

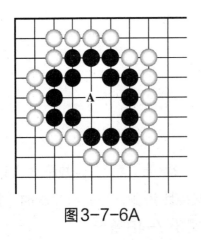

图3-7-6A

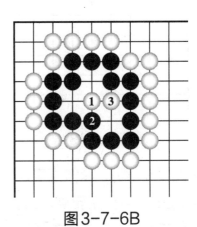

图3-7-6B

以上6个棋形的共同点是：每个棋形都有一个要点；是活还是死，关键看该谁走，己方走是活棋，对方走是死棋。

二、活棋型

对方走一步杀不死的棋形就称"活棋型"。

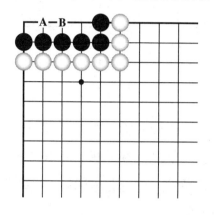

图3-7-7A

如图3-7-7A，黑棋围了4个交叉点，并且在一条直线上称为"直四"，中间两个交叉点是要点，白棋占A位，黑棋立即抢占B位。具体变化如图3-7-7B、图3-7-7C所示。如若A、B两点都被白棋占了，黑棋就死了。

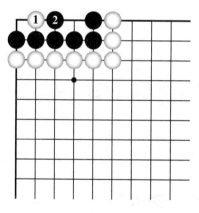

图3-7-7B

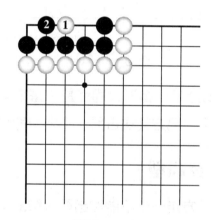

图3-7-7C

如图3-7-8，黑棋围了4个交叉点，其形状拐了一个弯，称为"曲四"，它是活棋形，中间A、B两点是要点。

如图3-7-9，黑棋围了4个交叉点，其形状拐了两个弯，称为"弯四"，有些书也称为"曲四"，它是活棋形，中间A、B两点是要点。

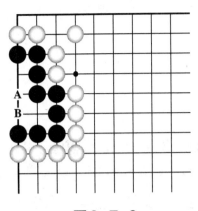

图3-7-8

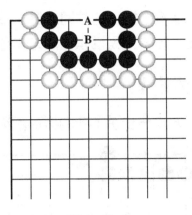

图3-7-9

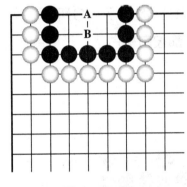

图3-7-10

如图3-7-10，黑棋围了6个交叉点，其形状像一块木板，呈长方形，称为"板六"，它是活棋形，中间A、B两点是要点。

以上4个棋形共同点是：每个棋形中间两个交叉点是要点，若对方占一个交叉点，己方赶快占另一个要点即可做活。

三、死棋型

己方走一步不能做出两只眼的棋形就称为"死棋型"。

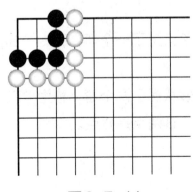

图3-7-11

如图3-7-11，黑棋围了4个交叉点，其形状是一个方块，称为"方四"，也称"方块四"，是死棋型。因为黑棋不论占哪个交叉点，都形成"曲三"，被白棋点眼后，变成死棋。

死棋型没有要点。

围棋死活基本型有3类，活棋型有4个，半死半活棋型有6个，死棋型有1个。这些棋形大家必须牢记，掌握每个棋形的要点和结论，在实战中会经常遇到。

四、特殊型

在这里介绍一种特殊型——盘角曲四。

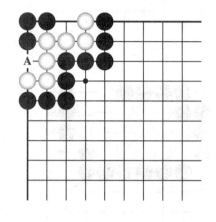

图3-7-12

如图3-7-12，这是"盘角曲四"的标准型。如双方不走子，则暂时无生死危险。但如白棋先在角上走棋，则白棋死棋。如双方下完全局，并且没有任何劫材的时候，黑棋在A位扑，再在二·1位置点角，白棋在一·1位置扑劫，黑棋首先开劫，由于全局没有劫材，白棋死棋。因此有"盘角曲四，劫尽棋亡"的说法，一般来说，"盘角曲四"被视为死棋。

随手练

以下各题均为黑先，黑棋应该下在哪里呢？

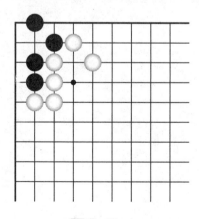

题3-7-1

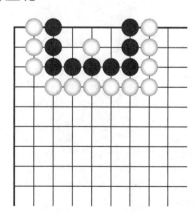

题3-7-2

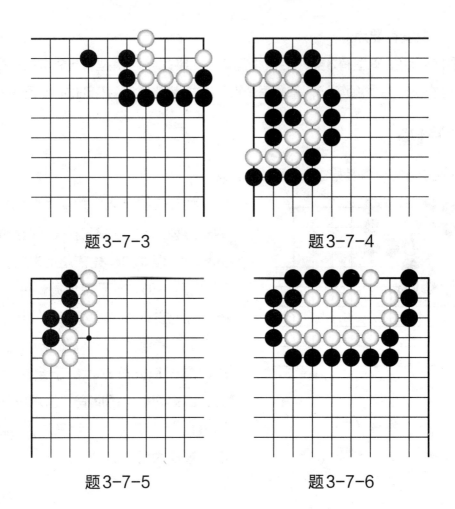

题 3-7-3   题 3-7-4

题 3-7-5   题 3-7-6

第8课 打劫

在第1课中，我们简单介绍了打劫的定义。围棋中的打劫既复杂又有趣，有的劫要争，有的劫要放弃，这就是其复杂的一面；打劫的过程"寻劫—应劫—提劫"又是其有趣的一面。劫的种类很多，比较复杂，本课我们主要介绍几种简单的劫、劫的大小和打劫的过程。

一、劫的分类

1.单劫

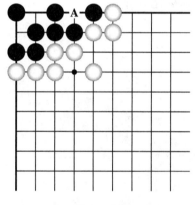

图3-8-1

如图3-8-1，白棋在A位提劫，对黑棋没有影响，对白棋也没有什么影响，只是关系到一个棋子的死活，我们称这种劫为"单劫"，又称"单片劫"。单劫是最小的劫，一般情况下，在棋盘上还有其他可下之处时，不要争夺这种"劫"。

2.无忧劫

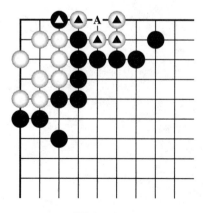

图3-8-2

如图3-8-2，A位的劫对黑棋来讲只是关系到黑⬤子的死活，对白棋来讲关系到白⬤四子的死活，故此劫对黑棋说是"无忧劫"。

3.生死劫

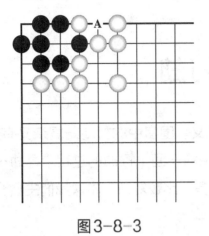

图3-8-3

如图3-8-3，A位的劫关系到黑棋的死活，黑棋打赢此劫，黑棋活棋，打输此劫，黑棋被杀，故此劫对于黑棋来说是"生死劫"。

4.长生劫

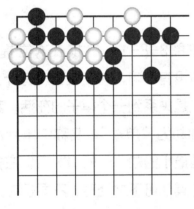

图3-8-4A

如图3-8-4A，这是长生劫的基本图形，其变化如下。

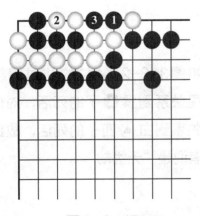

图3-8-4B

如图3-8-4B，当黑1扑时，白2送吃，好棋！黑3提。

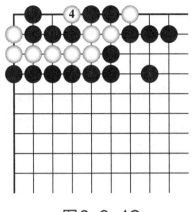

图3-8-4C

如图3-8-4C，白4提，这样就还原成图3-8-4A，黑白双方再重复图3-8-4B，形成循环，这样的劫称为"长生劫"。

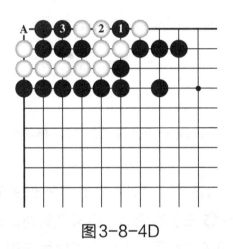

图3-8-4D

如图3-8-4D，当黑1扑时，白棋若在2位提，则黑3团，将来白棋在A位提，形成"刀五"，白棋被杀。

5.循环劫

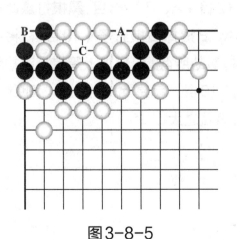

图3-8-5

如图3-8-5，黑棋在A位提劫，白棋在B位提劫，黑棋又在C位提劫，白棋又把A位的劫提回，这样的劫称为"三劫循环"。对局中若遇见三劫循环一般判平局。

6.摇橹劫

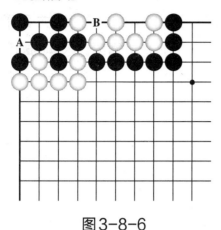

图3-8-6

如图3-8-6，白棋在A位提劫，黑棋在B位提劫，白棋寻劫后，提回B位的劫，黑棋提回A位的劫。白棋永远打不赢这两个劫，这样的劫称为"摇橹劫"，白棋被杀。

以上介绍了6种劫，其中"生死劫"关系到棋的死活，比较重要，要想办法打赢。

二、劫的大小

劫有大小之说。当劫出现了，首先要判断它属于什么性质的劫，其价值是多少，是不是非打不可。

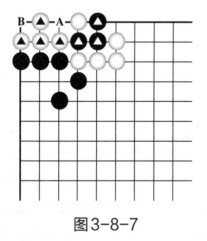

图3-8-7

如图3-8-7，A位的劫不仅关系到黑▲三子的死活，也关系到角上白▲四子的死活。其大小可以简单的计算为：白棋先走，提掉黑▲三子，6目+2目（A、B）=8目；黑棋打赢此劫在A、B提掉白棋五子（10目），将白棋打赢劫所得的8目加上黑棋打赢劫所得的10目，就是此劫的大小。即此劫有18目之大。

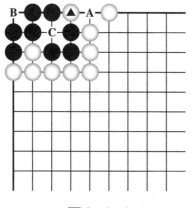

图 3-8-8

如图3-8-8，A位的劫关系到角上黑棋的死活，跟白棋没有什么关系。因此此劫的在小可以简单计算为：白棋先走，提黑棋三子后得16目（黑棋八子全死）+2目（B、C）；黑棋打赢此劫，角上得3目（B、C、▲），此劫有21目之大。

三、劫材

劫材就是对手必须要应的一手棋，若不应，会造成很大的损失。

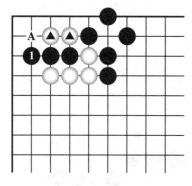

图 3-8-9

如图3-8-9，黑1立就是劫材。白棋必须要在A位挡，否则，黑棋在A位拐，白▲二子被吃。

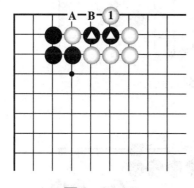

图 3-8-10

如图3-8-10,白1打吃也是劫材。黑棋应该在A位提，若不理，白棋可以在B位提黑◹二子。

劫材有大有小。打劫时，要根据劫的大小，来找相应的劫材。图3-8-10的劫材明显比图3-8-9的劫材小。

四、打劫过程

当我们遇到打劫时，要先计算劫的大小，再找价值相当的劫材，术语称为"寻劫"。一方寻劫后，对方如跟着应一手则称为"应劫"，寻劫方提回劫称为"提劫"；若一方寻劫后，对方不理，则对方可以"消劫"。请大家看图例。

如图3-8-11A，左上角的黑棋没有活，必须打赢A位的劫，才能活棋，请看实战。

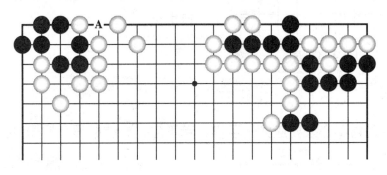

图3-8-11A

如图3-8-11B，黑1提劫，白2冲寻劫，黑棋若不应，右上角的黑▲六子被吃；黑3退，应劫。

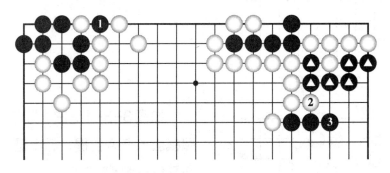

图3-8-11B

如图3-8-11C，白4提劫。

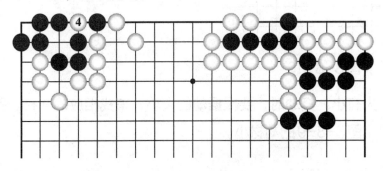

图3-8-11C

如图3-8-11D，黑棋寻劫，黑5紧气，寻劫，白6打吃，应劫，黑7提劫；白8冲，寻劫，黑9挡，应劫，白10在白⊿处提劫。

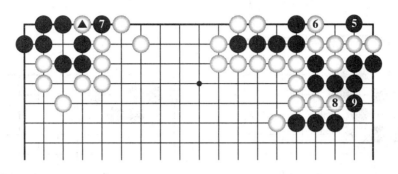

图3-8-11D ⑩=⊿

如图3-8-11E，黑11打吃寻劫，白12提应劫，黑13提劫；白14断寻劫，黑15打吃应劫，白16提劫，由于黑棋没有劫材，只好在17位扳，白18在黑13接消劫。这个劫白棋打赢了，左上角的黑棋被杀。

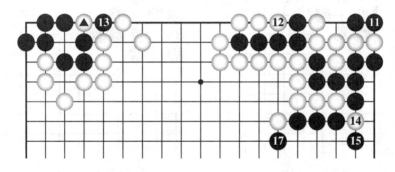

图3-8-11E ⑯=⊿ ⑱=⓭

打劫在围棋入门阶段是比较难的知识，不知道"劫"的大小、不会寻劫是初学者的困惑之处。只要大家勤加练习，随着围棋水平的提高，打劫的问题也会迎刃而解。

随手练

一、请计算下面各题劫的大小。

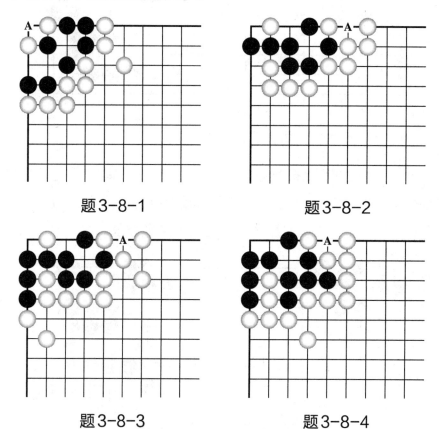

题 3-8-1   题 3-8-2

题 3-8-3   题 3-8-4

二、以下各题均为黑先，该怎么下呢？

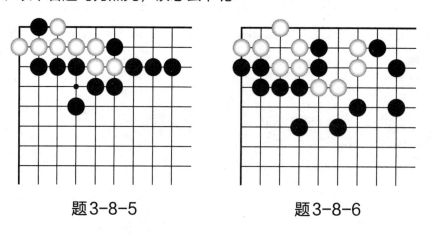

题 3-8-5   题 3-8-6

第9课　劫争与双活

一、劫争

围棋中有活棋、死棋，还有一类棋是否活棋，关键看"劫"，这类棋我们称为"劫活"，也称"打劫活"。"劫活"是有可能活的，主要看"劫"能不能打赢。本课我们就学习有关"劫活"的知识。

打劫是围棋中常用的战术手段，在不能净杀对方时，可以选择劫杀对方或利用打劫得到利益。同样，劫活也是这个道理。

如图3-9-1A，白棋被黑棋包围了，白棋只有一只完整的眼，现在该黑棋下，下在哪儿呢？

如图3-9-1B，黑1打吃，正解，白2若连，白棋没办法再做一只眼，白棋被杀。

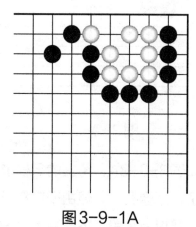

图3-9-1A

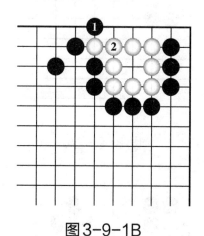

图3-9-1B

那么当黑棋打吃时，白棋应该下在哪里呢？

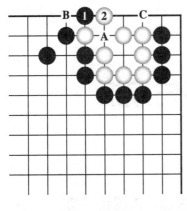

图3-9-1C

如图3-9-1C，黑1打吃，白2做劫，正解。黑3若下在A位，白棋跟黑棋打劫；黑3若下在B位，白棋下在C位做眼，仍然是打劫。

如图3-9-2A，角上的白棋眼位比较丰富，好像活了，但黑棋有手段，请好好想想黑棋下在哪呢？

如图3-9-2B，黑1扑，正解，白2提，形成打劫。白棋不能在A位连，否则黑棋在白2处连，形成曲三，白棋死了。

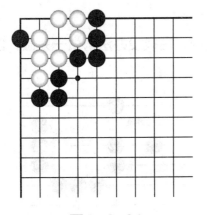

图3-9-2A

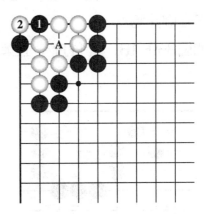

图3-9-2B

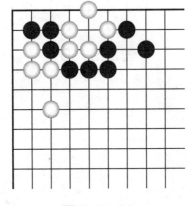

图3-9-3A

如图3-9-3A，角上的黑棋被白棋包围了，好像要死，但由于白棋五子也没活，黑棋有手段，下在哪呢？请认真思考。

如图3-9-3B，黑1立，正解。白2扳，黑3扑，妙手，形成打劫。黑方寻劫，对白方来说称为"先手劫"。此图为双方正解图。

如图3-9-3C，如白2连，欲避免打劫，黑3立，至黑7提，依然形成打劫，白棋去寻劫，这样的劫称为"后手劫"，对白棋不利。

打劫时应该计算劫的大小（能够围空或吃子数量的多少），寻劫时要找与之大小相当的棋。

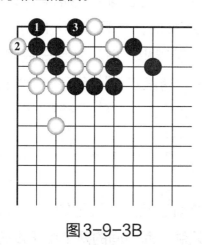

图3-9-3B

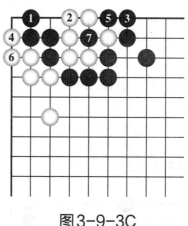

图3-9-3C

二、双活

围棋中还存在一种特殊的活棋形式，双方都没有两只眼，但又谁也吃不了谁，我们称为"双活"，也称"公活"。双活就是活棋，它是一种特殊的活棋。请看下面的图形。

1.无眼双活

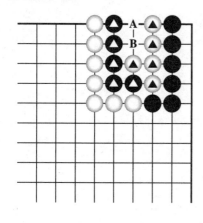

图3-9-4

如图3-9-4，黑 ⬤ 五子被白棋包围了，没有眼；白 ▲ 五子被黑棋包围了，也没有眼。黑棋和白棋之间有2口气，黑棋下在A位，白棋下在B位提；同样道理白棋若下在A位，黑棋B位提，因此双方谁也不能吃对方，黑 ⬤ 五子与白 ▲ 五子称为"双活"。其中A、B 2口气称为"公气"。终局计算胜负时，A、B两个交叉点，黑棋、白棋各填一子。

2.有眼双活

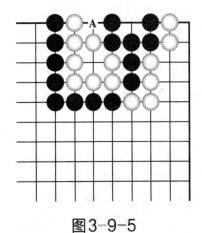

图3-9-5

如图3-9-5，被白棋包围的黑棋只有一只眼，被黑棋包围的白棋也只有一只眼，黑棋下在A位，被白棋提了，反之白棋下在A位，被黑棋提了。因此黑白双方谁都不能吃谁，这样的棋称为双活，与图3-9-4所不同的是，本图黑棋、白棋各有一只眼，所以称为"有眼双活"。终局计算胜负时，A交叉点，黑白双方各计算半子。

3.三活

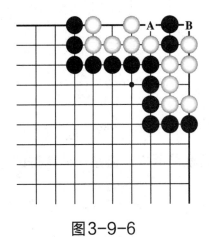

图3-9-6

如图3-9-6，被围的两块白棋各有一只眼，而中间的两个黑子没有眼，但A、B 2口气黑白双方都不能下子，这种现象称为"三活"。终局计算胜负时，A、B两个交叉点，黑棋、白棋各填一子。

随手练

以下各题均为黑先，怎样下才能形成劫活或双活？

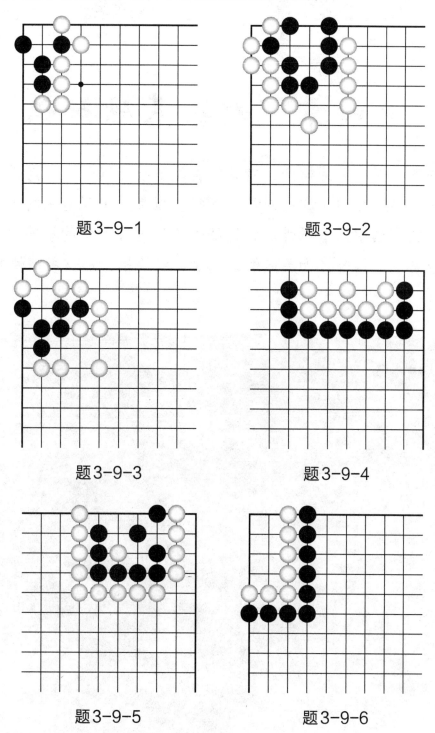

题 3-9-1　　　　　　　　　题 3-9-2

题 3-9-3　　　　　　　　　题 3-9-4

题 3-9-5　　　　　　　　　题 3-9-6

第四章　对杀基础知识

　　本章将对对杀的概念、对杀的类型和技巧以及眼在对杀中的重要性进行详细介绍。实战对局时，每盘棋都会出现对杀的场面，可见对杀在下棋中的重要性。掌握好本章的内容，您的棋艺水平会上一个台阶。下棋时，如果能够杀死对方一块棋，那该多痛快啊！

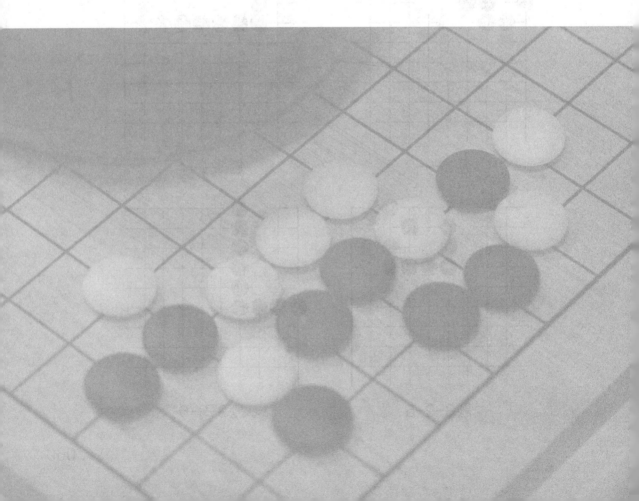

第10课　对杀的概念、气数和类型

下围棋，每盘棋都离不开对杀问题，可见"对杀"的重要性，本课我们就学习有关"对杀"的基础知识。

一、对杀的概念

通俗地讲，对杀就是：黑棋被白棋包围了，白棋也被黑棋包围了，黑棋和白棋都不独立活棋，只有拼个你死我活，这种现象就称为"对杀"，也称"杀气"。可以说，对杀是一种短兵相接的战斗，紧张、激烈、复杂，直接关系到黑白双方的生死存亡。

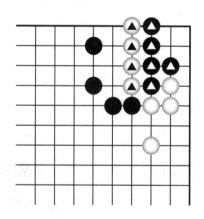

如图4-10-1，黑 ● 五子被白棋包围了，白 ▲ 四子也被黑棋包围了，被包围的棋都不能做眼活棋，是黑棋杀死白棋，还是白棋杀死黑棋呢？黑 ● 五子和白 ▲ 四子形成了对杀。

图4-10-1

对杀的胜败是由双方的气数来决定的，因此学习对杀就必须先学会"数气"，了解"气"的相关知识。

二、对杀的气数

对杀的"气"分为3种：外气、内气和公气。

①外气。双方互相包围的棋子以外的气称为"外气"。

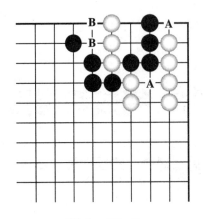

如图4-10-2，A点是黑棋的外气，B点是白棋的外气。

图4-10-2

②内气。简单地讲，眼里的气称为"内气"。

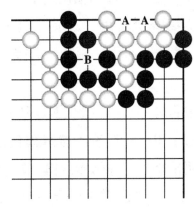

如图4-10-3，A点是白棋的内气，B点是黑棋的内气。

图4-10-3

③公气。与对杀相关的黑棋、白棋公共的气（既是黑棋的气，又是白棋的气）称为"公气"。

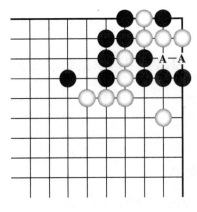

如图4-10-4，A点既是4个黑子的气，也是角上4个白子的气，A点就是"公气"。

图4-10-4

三、对杀的类型

对杀主要有3种情况：①双方无眼的对杀；②一方有眼、一方无眼的对杀；③一方大眼、一方小眼的对杀。

1. 双方无眼

①没有公气的对杀。

如图4-10-5A，黑▲三子被白棋包围了，白⬤三子被黑棋包围了，现在该黑棋下，想一想谁吃谁？

如图4-10-5B，黑棋有3口气，白棋也有3口气。黑1紧气，白2也紧气，黑3再紧气后，白棋还剩1口气，而黑棋还有2口气，白棋被杀。

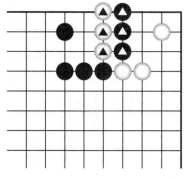

图4-10-5A

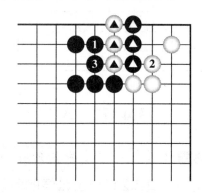

图4-10-5B

请大家验证一下：若此图该白棋先走，结论如何？

如图4-10-6A，黑▲三子与白⬤四子对杀，该黑棋走，谁吃谁？

如图4-10-6B，黑棋有3口气，白棋有4口气。即使黑棋先走，经过黑1至白4紧气，黑棋仍被吃。

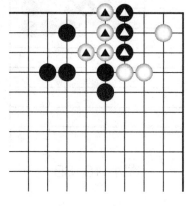

图4-10-6A

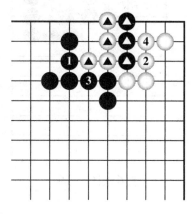

图4-10-6B

②有1口公气的对杀。

如图4-10-7A，黑●四子和白▲四子对杀，该黑棋走，谁吃谁呢？

如图4-10-7B，此图与前两图有所不同，黑棋和白棋之间有1口公气。我们先数一下双方的外气：黑棋3口气，白棋3口气。经过黑1至黑7，白棋被杀。

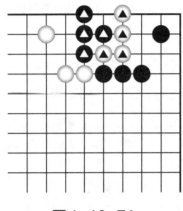

图4-10-7A

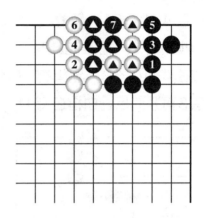

图4-10-7B

注意：紧气一定要先紧外气，紧完外气再紧公气。

③有2口或2口以上公气的对杀。

如图4-10-8A，黑●三子和白▲四子对杀，该黑棋走，结果如何？

如图4-10-8B，黑棋、白棋各有1口外气、2口公气。经过黑1、白2后，A、B两点不入气，形成双活。

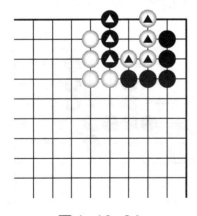

图4-10-8A

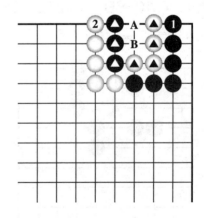

图4-10-8B

如图4-10-9A，黑▲三子和白⛊四子对杀，该黑棋走，结果如何？

如图4-10-9B，与上图不同的是：黑棋有2口外气，白棋有1口外气；相同的是：双方有2口公气。经过黑1、白2至黑5，白棋被杀。

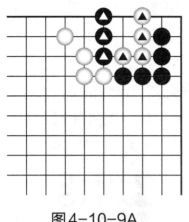

图4-10-9A

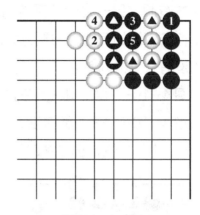

图4-10-9B

如图4-10-10A，黑▲五子和白⛊四子对杀，该黑棋走，结果如何？

如图4-10-10B，让我们先弄清双方的气数：黑棋有3口外气、白棋有1口外气，双方中间有3口公气。经过黑1至黑7，白棋被杀。请大家演练一下若白棋先下，结果如何？

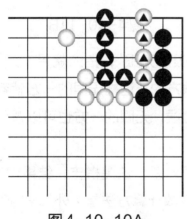

图4-10-10A

图4-10-10B

结论：①当双方没有公气时，比外气，外气多的一方在对杀中取得胜利；当外气相同时，先紧气的一方获胜。②有1口公气的对杀和没有公气的对杀结论一样，气多者胜。③有2口公气的对杀，外气相同时，无论哪方先走，都是双活；外气不同时，外气比对方多1口气并且还要先走，才能取得胜利，外气多2口气必胜；有3口公气的对杀，外气要比对方多2口气并且还要先走，才能取得胜利；有4口公气的对杀，外气要比对方多3口气并且还要先走，才能取得胜利；依此类推。

2.单方有眼

一方有眼，另一方没有眼的对杀比无眼对杀复杂一些。单方有眼的对杀，一般不存在双活的可能，主要分为两种类型。

①没有公气的对杀。

如图4-10-11A，黑▲三子与白▲六子对杀，该黑棋走，谁吃谁呢？

如图4-10-11B，黑棋没有眼，白棋有一只眼；黑棋有2口气，白棋有1口外气、1口内气，也是2口气；黑1紧气至黑3提，白棋被杀。

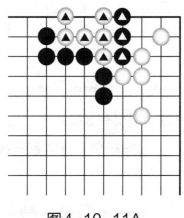 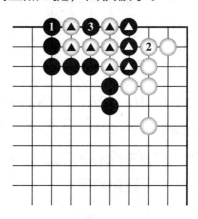

　　　图4-10-11A　　　　　　　　　　图4-10-11B

②有公气的对杀。围棋有句格言为"有眼杀无眼"，指的就是在对杀时，有眼的一方在气数上有利，因为公气要算有眼方的，这样无眼的一方就容易被杀，但不是说无眼方绝对被杀，在外气多的时候，无眼的一方也可以杀死有眼方，俗称"长气杀短眼"。

如图4-10-12A，黑●六子和白▲四子对杀，该黑棋走，结果如何？

如图4-10-12B，黑棋是有眼方，它的气数计算方法是：外气+内气+公气，黑棋有1口内气，2口公气，加起来是3口气；白棋是无眼方，它的气数是：外气，也是3口气。经过黑1、白2、黑3，白棋A位不入气，不能吃黑棋，因此白棋被杀。这正是"有眼杀无眼"。

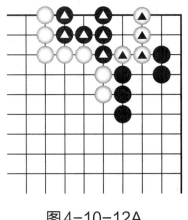

图4-10-12A   图4-10-12B

如图4-10-13A，黑△五子和白▲八子对杀，准确计算双方的气数，该黑棋走，结果如何？

如图4-10-13B，黑棋无眼，有4口外气；白棋是有眼方，它的气数是：2（内气）+1（公气）+1（外气）=4（气）。相比黑棋的气数和白棋的气数相同，根据对杀原则：气数相同先走方胜。黑1至黑5，白棋被杀。

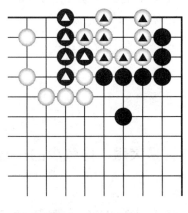

图4-10-13A

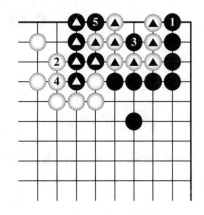

图4-10-13B

结论：有眼和无眼对杀，关键在计算双方的气数。有眼方的气数是：外气＋内气＋公气；无眼方的气数是：只计算外气。气多的一方胜，若气数相同，先走方胜。

3.双方有眼

双方都有眼的对杀，是对杀中最为复杂的。在没有公气时，比较简单，气数多的一方胜，这里就不介绍了。下面主要介绍：有公气对杀、大眼和小眼对杀两种情况。

①双方都有一只小眼。这种对杀在一般情况下，很容易出现双活。

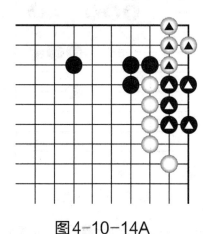

如图4-10-14A，角上的白⚫四子和边上黑🔺五子对杀，该黑棋走，结果如何？

图4-10-14A

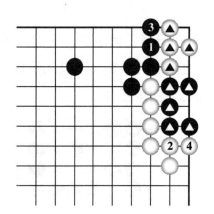

如图4-10-14B，让我们先数一下双方的气数。黑棋有2口外气、1口内气、1口公气；白棋的气数与黑棋相同。经过黑1至白4紧气，形成双活。

图4-10-14B

②一方大眼，一方小眼。内气多的一方就是大眼，内气少的一方就是小眼。

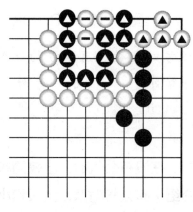

如图4-10-15A，黑🔺数子和白⚫四子对杀，双方的气数比较复杂，白⊖三子被吃，黑先，谁杀谁呢？

图4-10-15A

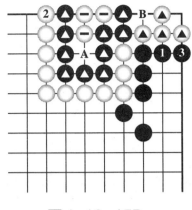

图4-10-15B

如图4-10-15B，此图黑棋因为吃了白⊖三子，而白棋的内气只有1口气，故黑棋是大眼方。经过黑1至黑3，白棋A、B两点不入气，无法紧黑棋的气，而黑棋可以先在B位提掉白⊖三子，再下B位打吃角上的白棋，对杀黑胜。这就是所谓的"大眼杀小眼"。

大眼也不全能杀小眼，当小眼方气数多时，也可以杀死大眼方。

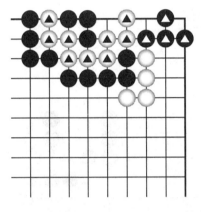

图4-10-16A

如图4-10-16A，角上的黑●子和边上的白▲子对杀，该黑棋走，谁杀谁呢？

因为白棋吃掉黑棋三子，所以白棋是大眼方。如图4-10-16B、图4-10-16C，白棋被杀。这正是"长气杀大眼"。

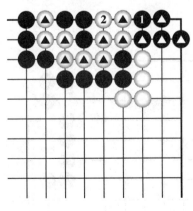

图4-10-16B

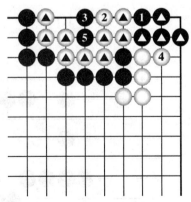

图4-10-16C

结论：①双方眼的大小一样时，对杀气数计算方法。

杀方气数＝外气＋内气

被杀方气数＝外气＋内气＋公气

②一方大眼，一方小眼，对杀气数计算方法。

大眼方气数＝外气＋内气＋公气

小眼方气数＝外气＋内气

请大家牢记对杀时气数的计算方法：气长者胜，气短者败，气数相同先走者胜。

以下各题均为黑先，怎样才能杀死白棋？

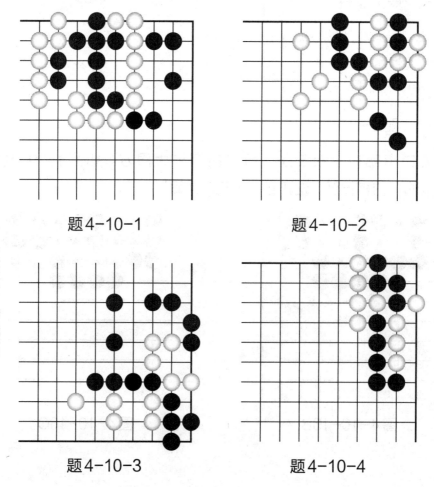

题4-10-1　　　　　　　　　题4-10-2

题4-10-3　　　　　　　　　题4-10-4

第11课 对杀中眼的重要性

上一课我们已经学习了对杀的基础知识，了解了什么是对杀，对杀有哪些基本类型，知道了对杀中气数的重要性，本课我们学习对杀中眼的作用。首先介绍大眼的气数。

一、大眼的气数

1.完整的大眼

所谓大眼主要是指围了2个交叉点以上的眼，就像我们前面学到的死活基本棋形如：直三、丁四等都是大眼。大眼的气数与大眼的位置以及大眼是否完整有关，首先我们介绍完整的大眼，如图4-11-1。

如图4-11-1，黑棋是直三，被白1点，白棋再下A位、B位，才能吃掉黑棋，所以黑棋是3口气。曲三的大眼与直三的气数相同。

如图4-11-2，黑棋是方四，白1点，黑2脱先（即轮到一方走棋，该方的棋脱离局部，改走到其他地方），白3后，以下白A，黑B提，形成曲三；曲三是3口气，再加上白1、白3 2口气，所以方四是5口气。丁四的大眼气数和方四一样也是5口气。

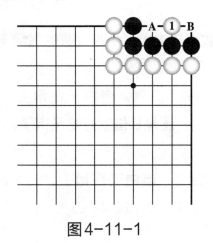

图4-11-1

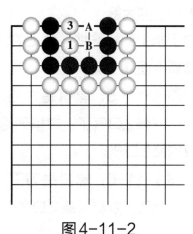

图4-11-2

如图4-11-3，黑棋是刀五，白1、白3、白5再下A位，黑B位提，形成丁四，丁四是5口气，再加上白1、白3和白5　3口气，所以黑棋是8口气，同样花五也是8口气。

如图4-11-4，黑棋是花六，被白1、白3、白5、白7再下A位，黑B位提，形成刀五，刀五是8口气，再加上白1、白3、白5和白7　4口气，所以黑棋是12口气。

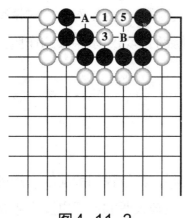 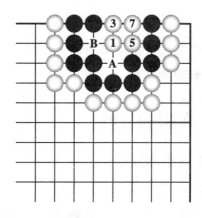

图4-11-3　　　　　　　　　　　图4-11-4

大眼的气数口诀：

> 三3，四5，五8，六12；
>
> 直三、曲三是3口气；
>
> 丁四、方四是5口气；
>
> 刀五、花五是8口气；
>
> 花六是12口气。

2.角上的大眼

由于角上的特殊性，角上的大眼的气数也与边上、中腹大眼的气数不同，具体请看下面几个图例。

如图4-11-5，黑棋是方四。方四一般是5口气，但由于在角上，白1后，黑棋只剩2口气了，白棋无论是再下A位，还是B位就打吃黑棋了，所以黑棋只能算3口气。

如图4-11-6，黑棋是刀五，一般是8口气。但由于在角上，白1点后，再于A位紧气，黑棋只剩2口气，所以角上的刀五只能算是4口气。

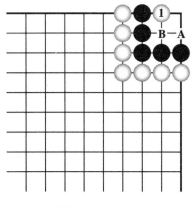

图4-11-5

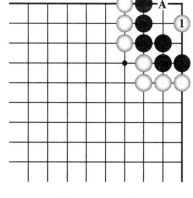

图4-11-6

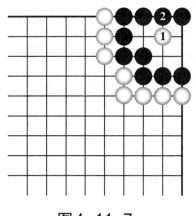

图4-11-7

如图4-11-7，黑棋是花六，一般是12口气。但由于在角上，白1点后，黑2连后，黑棋形成刀五，本来是8口气，减去白1点1口气，还剩7口气。所以角上的花六只能算是7口气。另外黑2如不连，被白棋占到2位，黑棋只剩3口气了，角上的黑棋只能算是5口气，反倒少了2口气。

关于大眼的气数主要就是这些内容，还有特殊的"断着的大眼"，其相应的气数要比"完整大眼"的气数少，这一点请大家自己验证。

二、眼的重要性

在对杀中眼很重要，尤其是在有公气的情况下，眼尤为重要。下面就向大家介绍几例。

如图4-11-8A，黑先，黑⚫三子和白⚫三子对杀，黑棋2口气，白棋3口气。黑棋怎么走才能将白⚫三子吃掉呢？

如图4-11-8B，黑1先紧外气，好像有道理，但白2后，形成双活，黑棋失败。

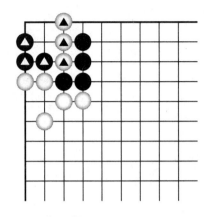

图4-11-8A

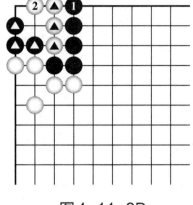

图4-11-8B

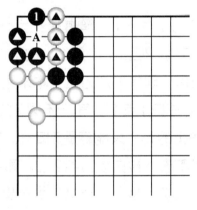

图4-11-8C

如图4-11-8C，黑1做眼，正着。既紧白棋的气，又能长黑棋的气。白A位不入气，无法吃黑棋，而黑棋可以吃掉白棋。形成有眼杀无眼。

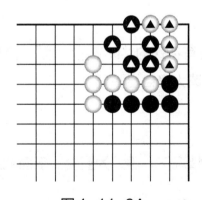

图4-11-9A

如图4-11-9A，黑先，黑⬤五子和白⚫四子对杀，怎样走能杀死白棋呢？

如图4-11-9B，黑1长，试图逃跑，坏棋！白2打吃，黑3连，白4扳后，黑棋2口气，白棋3口气，黑棋被杀。

如图4-11-9C，黑1做眼，好棋！可以起到长气的作用！白2跳，黑3冲，次序正确，白4扳，黑5再紧气，以下至黑7，白棋被杀。

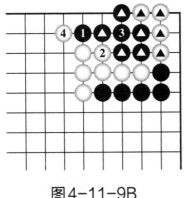

图4-11-9B

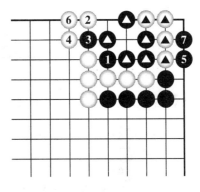

图4-11-9C

如图4-11-10A，黑先，角上的黑▲数子和白▲数子对杀，怎样走能杀死白棋呢？

如图4-11-10B，黑1紧外气，好像有道理，白2挤，黑3只能连，白4长，破眼。以下至白10，黑棋气短被杀。

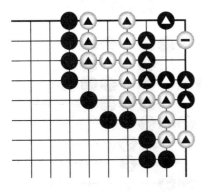

图4-11-10A

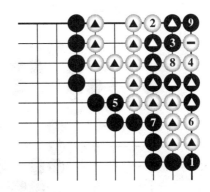

图4-11-10B ⑩=④

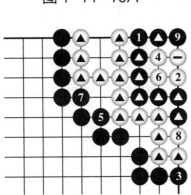

图4-11-10C

如图4-11-10C，要想杀死白棋，首先要弄清黑白双方的气数。白棋有2（内气）+5（外气）=7气；由于角上的黑棋不是整体，黑棋的气数不好计算。黑1连成整体，那么黑棋的气数为7（内气）+1(公气)=8（气），黑棋杀白棋。让我们验证一下，白2到黑9，黑棋是"方四"，5口气；白棋还剩4口气。白棋被杀。

请大家牢记：做眼可以长气，做大眼也可以长气。

随手练

以下各题均为黑先，怎样下才能杀死白棋？

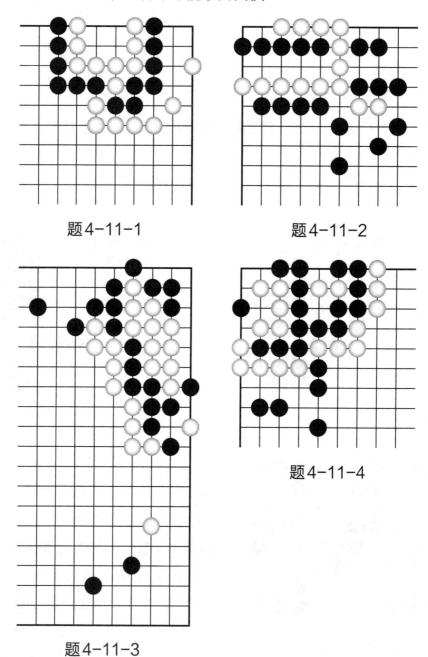

题 4-11-1

题 4-11-2

题 4-11-3

题 4-11-4

第12课 长气与紧气的方法

对杀是围棋中一种常见的现象，也比较复杂，但其本质就是气的问题。气多的一方能杀死气少的一方，这是基本道理。本课我们要学习的是：当自己气数少时，如何利用对方棋形的缺陷将其杀死。也就是围棋中常说的：长气和紧气的技巧。

一、长气的技巧

几种简单、常见的长气方法如下。

1.长气法

所谓长气法就是将己方的气数增加。

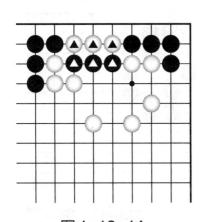

图4-12-1A

如图4-12-1A，黑棋将白▲三子包围了，白棋也将黑⬣三子包围了；白棋3口气，黑棋2口气。该黑棋走，怎样才能将白棋杀死呢？

如图4-12-1B，黑1长好棋！由于A位有门吃，白2不得已，黑3后，黑棋变成了4气，达到了长气的目的。以下变化如图4-12-1C，至黑7，白▲三子被杀。

如图4-12-1C，接上图，白4至黑7都是紧对方棋子的气，白棋被杀。

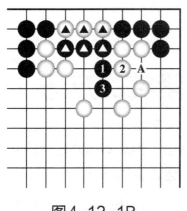

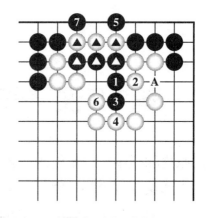

图4-12-1B   图4-12-1C

2.造成对方不入气

如图4-12-2A，角上的黑棋被白棋包围了，边上的白棋三子也被黑棋包围了，现在该黑棋走，怎样走才能将白棋杀死？

如图4-12-2B，黑1立，正解。经过白2至黑5，白棋A位和B位都不入气，造成白棋被杀。

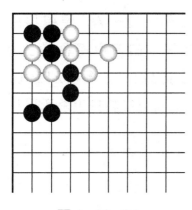

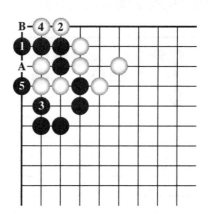

图4-12-2A   图4-12-2B

3.棒接（单接）可以长气

如图4-12-3A，边上的黑棋四子和白棋五子发生了对杀，现在该黑棋走，能将白棋杀死吗？

如图4-12-3B，黑1接妙手！这样黑棋是4口气，白棋是3口气，白棋被杀。具体变化请大家自己验证。

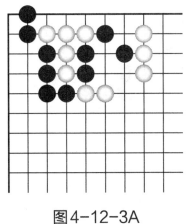

图4-12-3A   图4-12-3B

4.做眼可以长气

如图4-12-4A，黑先，角上的黑⬤三子和白Ⓐ四子对杀，怎么杀死白棋？

如图4-12-4B，黑1做眼，好棋！以下至黑5，白棋不入气，白棋被杀。

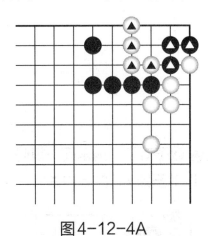

图4-12-4A

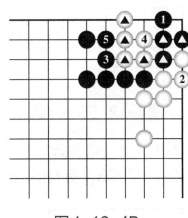

图4-12-4B

二、紧气的技巧

数气是对杀的基础，而紧气的技巧是取得对杀胜利的关键，下面介绍常见的紧气技巧。

1.利用对方棋形的弱点（扑、挖、断）

如图4-12-5A，黑先，黑⬤数子和白Ⓐ数子对杀，黑棋只有两气，能杀死白棋吗？

如图4-12-5B，黑1打吃，坏棋！白2连后，白棋3口气，黑棋被杀。

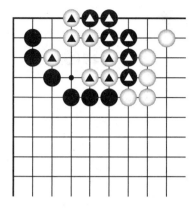

图4-12-5A

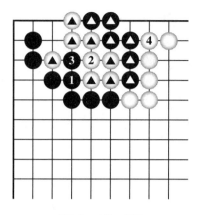

图4-12-5B

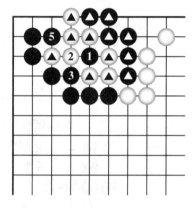

图4-12-5C ④=❶

如图4-12-5C，黑1扑，好棋！是紧气的好手！白2提，黑3再打吃，白4在1位连，黑5打吃，白棋被杀。

如图4-12-6A，黑先，黑▲三子和白▲数子对杀，能杀死白棋吗？

如图4-12-6B，黑1挖是紧气的好手！以下至黑7，白棋被杀。

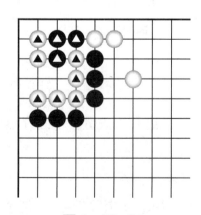

图4-12-6A

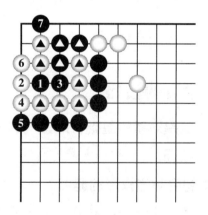

图4-12-6B

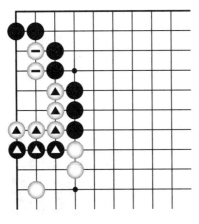

图4-12-7A

如图4-12-7A，黑先，黑 ● 三子和白 ▲ 数子对杀，黑棋只有3口气，能杀死白棋吗？

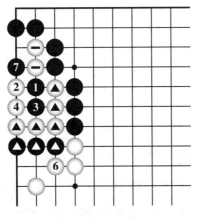

图4-12-7B ❺=❶

如图4-12-7B，由于有白 ⊖ 二子，给本题增加了难度。黑1断是紧气的好手！白2打吃，黑3再长，妙！白4提，黑5下在1位扑，好棋！白6紧气，黑7再扑，绝妙！形成双倒扑，白棋被杀。

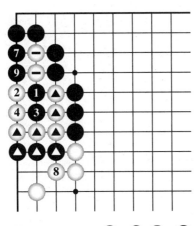

图4-12-7C ❺=❶ ⑥=❸

如图4-12-7C，白6若下在3位提，黑7紧气至黑9，白棋也被杀。

2.破眼

如图4-12-8A，黑先，黑●数子和白▲五子对杀，能杀死白棋吗？

如图4-12-8B，黑1紧气，白2立，黑3打吃，白4提，形成双活，黑棋失败。

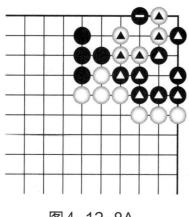

图4-12-8A

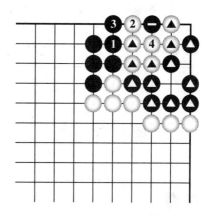

图4-12-8B

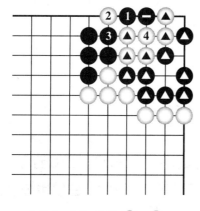

图4-12-8C ❺=❶

如图4-12-8C，黑1长，好棋！白2打吃，黑3断吃，白4提，黑5扑，好棋！形成"有眼杀无眼"，白棋被杀。图中黑1、3、5的手段，请大家牢记，它们的作用就是破眼。

随手练

以下各题均为黑先，怎样下才能杀死白棋？

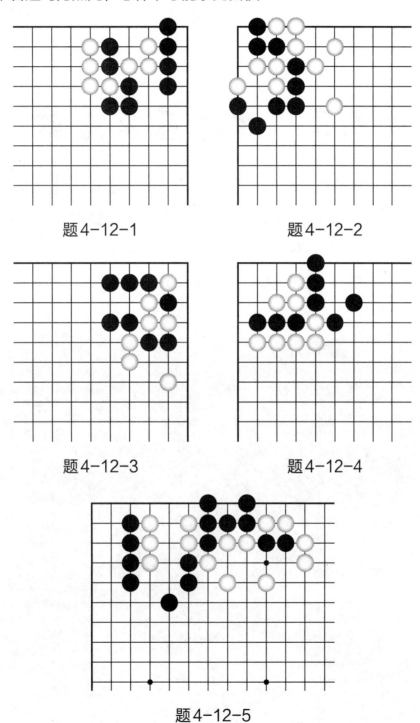

题 4-12-1　　　　　　　题 4-12-2

题 4-12-3　　　　　　　题 4-12-4

题 4-12-5

第五章 攻杀基本着法

本章将对"挖""滚打""立""夹""点"等着法进行介绍。这些着法应用非常广泛，实用而有效，能将对方的棋置于死地。希望大家反复练习，牢记基本棋形，提升中盘战斗力。

第13课 "挖"和"乌龟不出头"

为了提高围棋的战斗力，从本课开始我们学习几种常见的吃子技巧。首先学习"挖"。

"挖"就是将棋子放在对方间隔一线的两个棋子的中间。

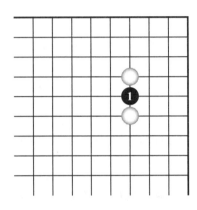

图5-13-1

如图5-13-1，黑1称为"挖"。

挖的主要目的是隔断对方，它是围棋中常用的着法，广泛应用在吃子、对杀、死活等方面，下面详细介绍挖的使用条件和应用。

一、挖在吃子中的应用

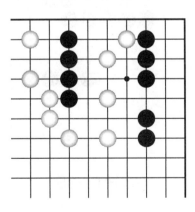

图5-13-2A

如图5-13-2A，图中黑棋四子已经被白棋包围，怎样才能救出黑棋呢？

如图5-13-2B，黑1挖，正解！白2打吃，黑3连后，白棋留下A位、B位两个断点，黑棋必得其一。白▲二子被黑棋断开了，气数也没有黑棋多，被吃，黑棋四子得救。

如图5-13-2C，白2若从另一边打吃，黑3连后，仍然留有A、B两个断点，黑棋必得其一，白▲二子仍然被吃。

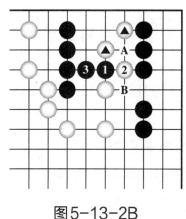

图5-13-2B

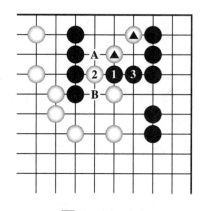

图5-13-2C

挖的使用条件：一般在两边都是自己的子并且两边的子比较结实的情况下，才能"挖"对方。

如图5-13-3A，白棋已经逃出，黑棋无法对白棋整体攻击，能否发现白棋的缺陷，吃掉一部分白棋呢？

如图5-13-3B，黑1挖，好手！白2打吃，黑3连后，白棋留有A、B两个断点，白棋不能两全。

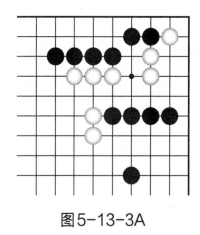

图5-13-3A

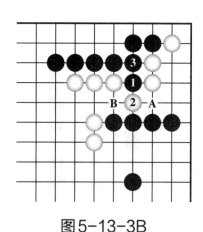

图5-13-3B

二、挖在对杀中的应用

如图5-13-4A，角上的黑棋被白棋包围了，能否将其救出呢？

如图5-13-4B，黑1挖，正解！经过白2打吃至黑7，白棋接不归被吃，角上的黑棋得救了。

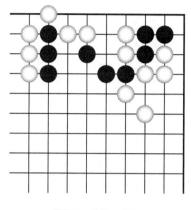

图5-13-4A

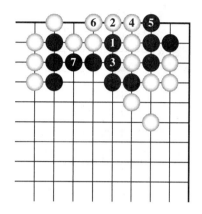

图5-13-4B

如图5-13-5A，黑先，如何将黑●四子救出呢？

如图5-13-5B，黑1挖，妙手！白2打吃，黑3断打，好棋！白4提，黑5立，准确！白6连，黑7再立，白棋被吃。

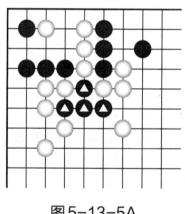

图5-13-5A

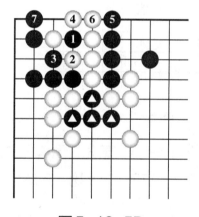

图5-13-5B

三、挖在死活中的应用

如图5-13-6A，黑先能活吗？关键是如何吃掉白▲一子。

如图5-13-6B，黑1挖，妙手！白2打吃，黑3断打，白▲被吃，黑棋两眼活棋。

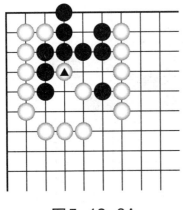

图5-13-6A

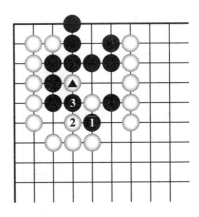

图5-13-6B

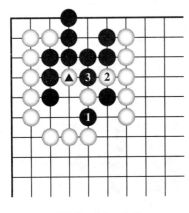

图5-13-6C

如图5-13-6C，白2若从这边打吃，黑3就从这边断打，白棋仍然形成接不归，白△子被吃，黑棋两眼活棋。

如图5-13-7A，黑先，黑棋把白棋包围了，怎样才能破掉白棋的眼呢？

如图5-13-7B，黑1挖，正解！经过白2至黑5，白棋只剩一只眼，整体被杀。

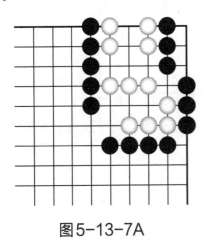

图5-13-7A

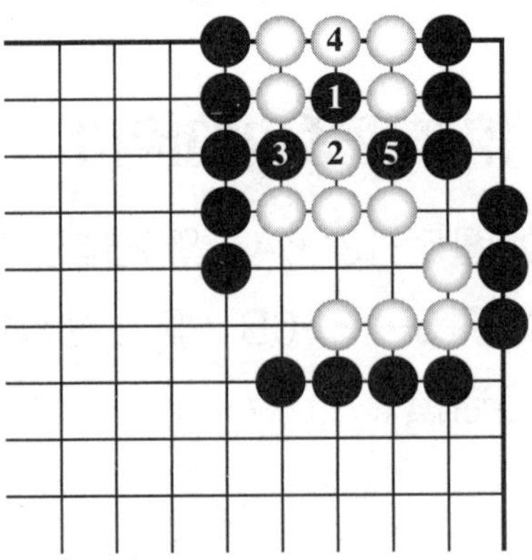

图5-13-7B

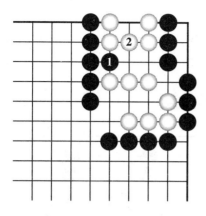

图5-13-7C

如图5-13-7C，黑1冲，坏棋！白2连后，即形成两眼活棋。

挖的作用：①将对方的棋断开；②减少对方棋子的气数；③利用"挖"可以帮助自己"造眼"，也可以破掉对方的眼。

四、"乌龟不出头"

如图5-13-8A，黑▲三子被白棋包围了，只有3口气，怎样才能将其救出呢？

如图5-13-8B，黑1挖，正解！白2打吃，黑3断打，妙！白4提，黑5再打，白成接不归。此图白棋好像一只没头的乌龟，俗称"乌龟不出头"，这是"挖"的典型应用。

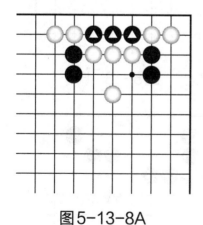

图5-13-8A   图5-13-8B

随手练

以下各题均为黑先，注意观察白棋棋形的缺陷。

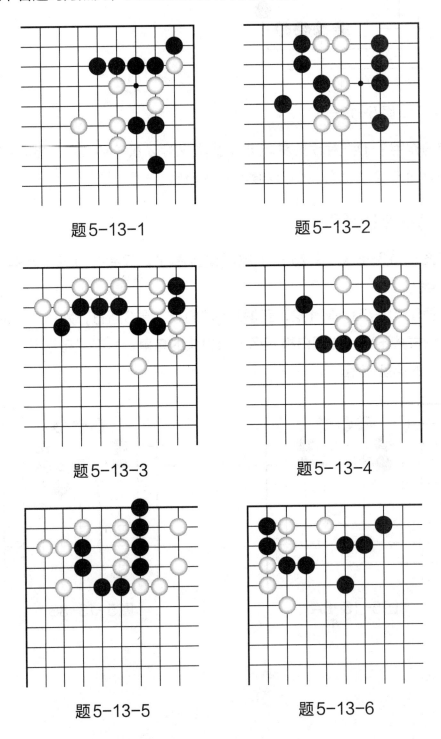

题 5-13-1

题 5-13-2

题 5-13-3

题 5-13-4

题 5-13-5

题 5-13-6

第14课 "滚打"和"胀死牛"

一、滚打

滚打又称滚打包收，是利用弃子结合扑、打、挖、枷等手段，以达到紧对方棋子的气，或将对方的棋形变成凝形，而使己方的棋子成为好形的一种综合性战术手段。如图5-14-1A。

如图5-14-1B，黑1打吃，白2逃并打吃黑子，黑3堵住白棋，形成"假门吃"，白4只能提，黑5连，同时打吃白棋，白棋只能连成一团，形成凝形，黑棋的这种手段就称为"滚打"。

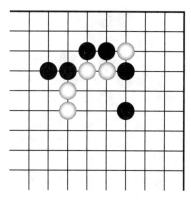

图5-14-1A

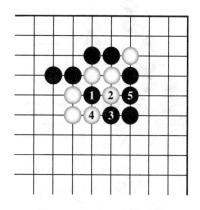

图5-14-1B ⑥=❶

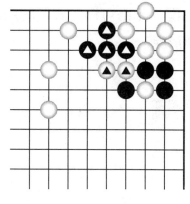

图5-14-2A

如图5-14-2A，黑⬣四子已被白棋包围，想办法将白▲二子杀死，将黑⬣四子救出。

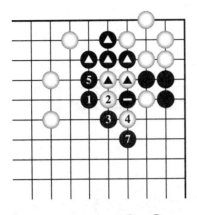

如图5-14-2B，黑1封，妙手！白2打吃，黑3堵住，做成"假门吃"，白4提，黑5连并打吃，白6连于⚫，黑7打，白棋被征吃。

图5-14-2B ⑥=⚫

如图5-14-3A，黑▲四子被白棋包围了，怎样才能将其救出呢？

如图5-14-3B，黑1挖，正着。白2打吃，黑3反打，白4提，黑5再打，白6只能连，形成"滚打"，黑7断打至黑11形成征子，白棋被吃。

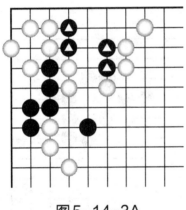

图5-14-3A

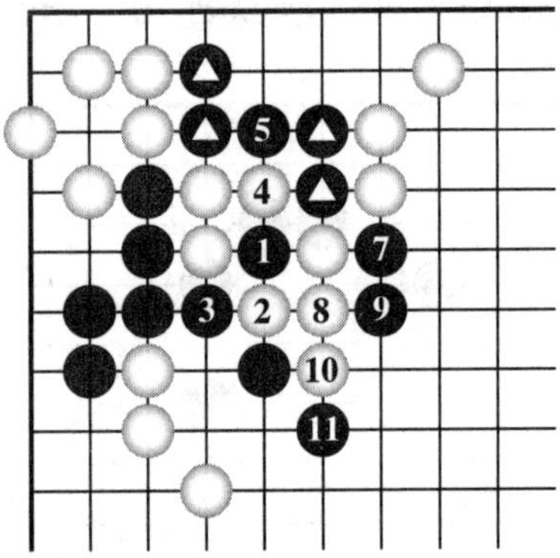

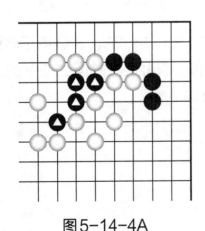

图5-14-3B ⑥=❶

如图5-14-4A，黑▲四子已经被白棋包围，无路可逃，如何利用黑▲四子整形呢？

图5-14-4A

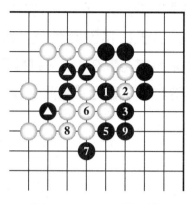

如图5-14-4B，黑1扑，正着。以下至黑9连，黑棋达到整形的目的。

图5-14-4B ④=❶

如图5-14-5A，这是经常出现的棋形，由于黑棋征子不利，黑棋不能在A位征吃白▲二子，那该怎么办呢？

如图5-14-5B，黑1封，好棋！白2冲吃，黑3堵住，好棋！白4提，黑5打吃，形成"滚打"。白6下在黑⚫位连，以下至黑9，白棋成愚形并且角上二子被吃。

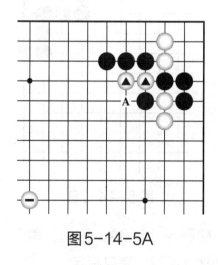

图5-14-5A

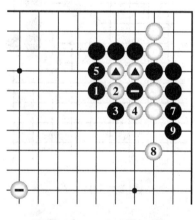

图5-14-5B ⑥=⚫

二、胀死牛

胀死牛是一种特殊的活棋手段，它是将对方点眼的棋子的外气全部紧完，在对方虎口里走一子，然后打吃对方，使对方不能连，将其胀死，称为"胀死牛"。

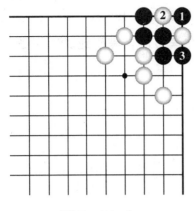

图5-14-6

如图5-14-6，黑1扑，白2提，黑3打吃，由于白棋没有外气，故无法连，将来黑棋再下在1位分别提取白棋二子，这种方法称为"胀死牛"。

如图5-14-7A，角上的黑棋被白棋包围了，如何做出两只眼呢？

如图5-14-7B，黑1连，正着。白2长破眼，黑3打吃，妙手！形成"胀死牛"。图中黑3不能在A位提掉白棋二子，否则被白棋在2位反提（打二还一），形成"盘角曲四"，黑棋被杀。

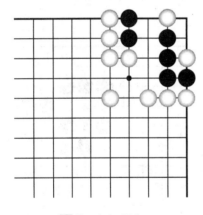

图5-14-7A

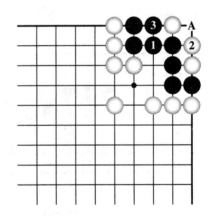

图5-14-7B

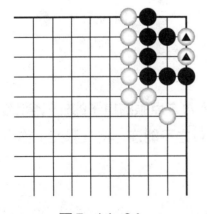

图5-14-8A

如图5-14-8A，黑先，角上的黑棋怎样才能做出两只眼呢？

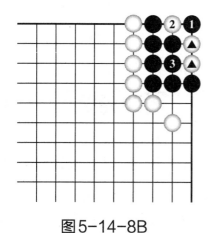

如图5-14-8B，黑1扑，妙手！白2提，黑3打吃，白棋不能连，形成"胀死牛"。

图5-14-8B

随手练

以下各题均为黑先，黑棋怎样吃子、做活或整形？

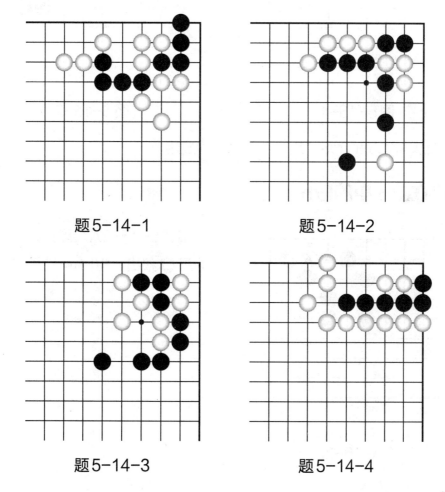

题5-14-1

题5-14-2

题5-14-3

题5-14-4

第15课 “立”和“金鸡独立”

“立”也是围棋中十分重要的着法，在对杀和死活问题中都经常用到，特别是一线的“立”，往往会产生意想不到的效果。

棋子由三线向二线或由二线向一线，紧挨着己方的棋子走一步，这种着法称为“立”。如图5-15-1和图5-15-2，黑1都称为“立”。

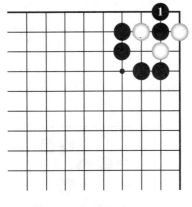

图5-15-1

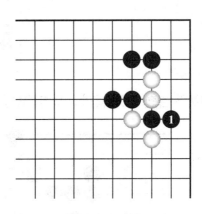

图5-15-2

下面从4个方面介绍“立”在实战中的应用。

一、立在吃子中的应用

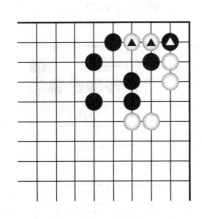

图5-15-3A

如图5-15-3A，黑先，怎样将角上的黑 ▲ 救出，将白 ▲ 二子吃掉呢？

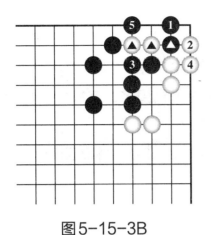

如图5-15-3B，黑1立，正着，白2紧气，黑3紧气，以下至黑5，白棋被吃。

图5-15-3B

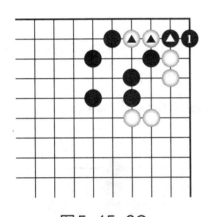

如图5-15-3C，黑1立在这边，方向错误，导致黑棋被吃，请大家自行验证。

图5-15-3C

如图5-15-4A，黑先，如何利用白棋的缺陷，将边上的白棋三子吃掉？

如图5-15-4B，黑1立，正着。白2紧气，黑3扑，好手！白4提，黑5打吃后，白棋三子被吃（白棋若连，整体被吃）。

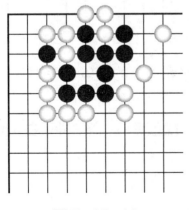

图5-15-4A

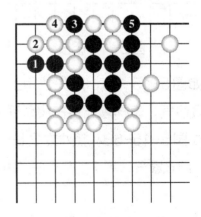

图5-15-4B

二、立在对杀中的应用

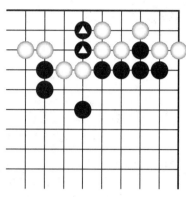

图5-15-5A

如图5-15-5A，黑先，黑 ⬤ 二子被白棋包围了，怎样才能将它们救出呢？

提示：注意观察白棋棋形的缺陷！

如图5-15-5B，黑1立，妙手！白2若连，黑3扑，好手！白4提，黑5打吃，白棋若在3位连，黑棋在A位断打，白棋被吃。

如图5-15-5C，当黑1立时，白2只能连在这里，黑3断，这样白 ⬤ 二子被吃。

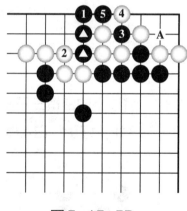

图5-15-5B

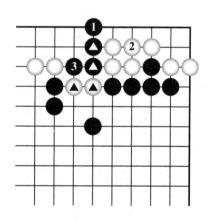

图5-15-5C

如图5-15-6A，黑先，角上的黑 ⬤ 三子和边上的白 ▲ 五子对杀，黑棋只有3口气，怎样才能将白棋杀死呢？

如图5-15-6B，黑1立是长气的好手！白2扳紧气，黑3冲，白4连，黑5扳，白6紧气，黑7拐后，白棋被杀。

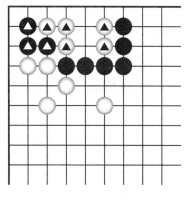

图 5-15-6A

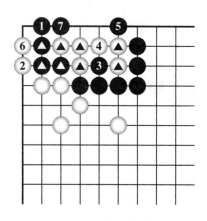

图 5-15-6B

三、立在死活中的应用

如图 5-15-7A，黑先，黑棋被白棋包围了，怎样才能做出两只眼呢？

如图 5-15-7B，黑1立，好手！白2只能连，黑3再立，形成"直四"活棋。

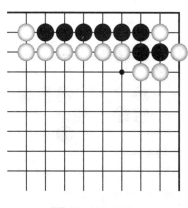

图 5-15-7A

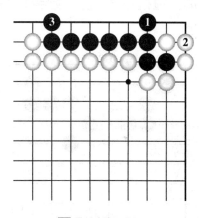

图 5-15-7B

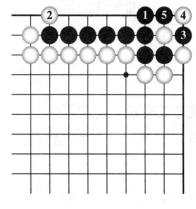

图 5-15-7C

如图 5-15-7C，黑1立时，白2扳，破眼，黑3扑，妙手！白4提，黑5打吃，形成接不归，角上的白棋被吃，黑棋依然活棋。

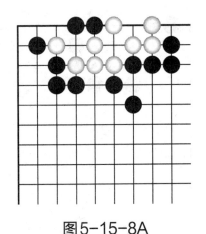

图5-15-8A

如图5-15-8A，黑先，被围的白棋已经有一只眼，只要边上的黑棋二子逃掉，白棋就死了，会逃吗？

提示：注意思考，不要想当然。

如图5-15-8B，黑1立，正解。白棋A位不入气，黑棋联络成功，白棋被杀。

如图5-15-8C，黑1打吃，坏棋！以为白棋会在4位连，黑棋再于2位连。错！白棋在2位扑，妙手！黑3提，白4打吃，黑棋联络失败，被吃，白棋活棋。

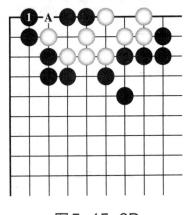

图5-15-8B

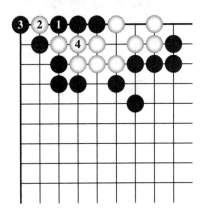

图5-15-8C

四、立的其他应用

1.整形

通过"立"多弃一子，用来达到收气、整形或换取外势的目的。

如图5-15-9A，黑先，黑棋的棋形有点破碎，怎样将自己的棋形走完整？

如图5-15-9B，黑1立，好手！白2挡，黑3打吃，重要次序！白4连，黑5夹，好手！白6打吃，黑7打吃，白8提，黑9后，黑棋基本联络。

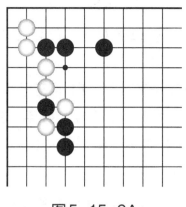

图5-15-9A

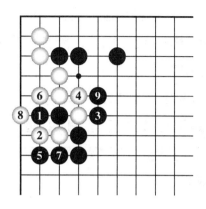

图5-15-9B

2. "金鸡独立"

一方的棋子"立"到一线边上，形成对方左右两边都不入气，而己方却能吃掉对方的棋子，这种着法称为"金鸡独立"。

如图5-15-10A，黑先，黑棋把白棋包围了，能将角上的白棋杀死吗？

如图5-15-10B，黑1打吃，白2连，黑3立，造成白棋两边不入气，这种手段称为"金鸡独立"。

形成"金鸡独立"有3个前提条件：①己方的棋子已将对方的棋子切断；②对方棋子的气比较少；③要将棋子"立"到一线边上，造成对方两边不入气。

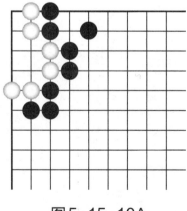

图5-15-10A

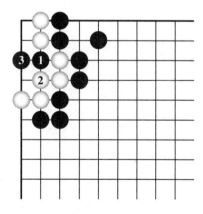

图5-15-10B

3. "大头鬼"

这种手段一般用在边角的二线、一线，利用弃子手段达到紧气的目的，从而将对方的棋子杀死。因其形状与秤砣相似，也称"秤砣"，有些地方称为

"拔钉子"。这种手段在实战中比较难掌握，大家要多加练习。

如图5-15-11A，黑先，黑⚫二子和白🔺三子对杀，怎样才能将白棋吃掉呢？

如图5-15-11B，黑1扳，正着（黑⚫二子有3气，白🔺三子有3气，所以黑棋必须紧气）。白2打吃，黑3连，白4打吃，黑5立，好手！白6打吃，黑7打吃，白8提，黑9再于1位扑，好手！以下至黑13，白棋成"大头鬼"被吃。

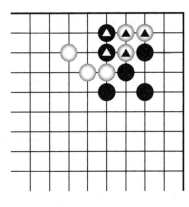

图5-15-11A

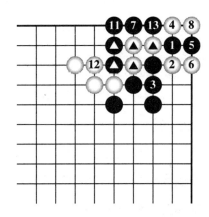

图5-15-11B ❾=❶ ⑩=❺

注意：立要注意方向性；通常三线的棋子要立。

立的主要作用：①长气；②破眼；③联络；④整形。

随手练

以下各题均为黑先，怎样下才能杀死白棋?

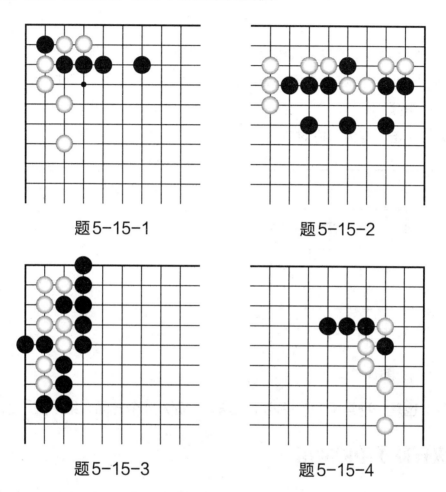

题5-15-1

题5-15-2

题5-15-3

题5-15-4

第16课 "夹"和"竹节筋"

前几课我们已经学习了几种攻杀的基本着法，大家也体会了用这些着法吃掉对方棋子的乐趣，这些着法要经过反复的练习才能应用到实战中。本课我们学习"夹"的运用。

"夹"即走一着棋，将对方的棋子夹在自己两个棋子的中间。

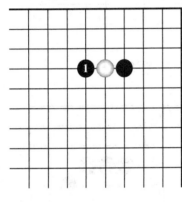

如图5-16-1，黑1称为"夹"。

图5-16-1

"夹"也是一种常用的攻杀吃子着法，下面从4个方面介绍"夹"的运用。

一、夹在吃子中的应用

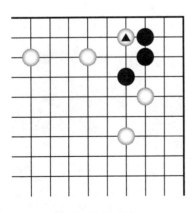

如图5-16-2A，黑先，怎样吃掉白▲一子呢?

图5-16-2A

如图5-16-2B，黑1，坏棋！白2退后，黑棋已不能吃掉白棋。

如图5-16-2C，黑1夹，好棋！白2冲，黑3断打，白▲一子被吃。

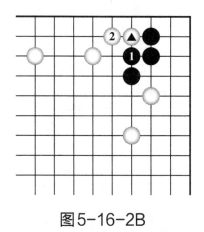

图5-16-2B

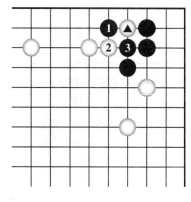

图5-16-2C

二、夹在对杀中的应用

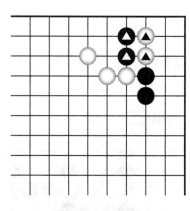

图5-16-3A

如图5-16-3A，黑先，黑⚫二子与白▲二子对杀，黑棋3口气，白棋也是3口气，怎样紧气才能将白棋吃掉呢？

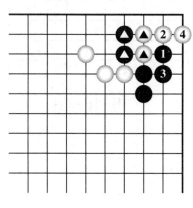

图5-16-3B

如图5-16-3B，黑1扳，坏棋！白2后，黑3只能连，白4立后，白棋4口气，黑棋被吃。

如图5-16-3C，黑1托，试图长气，坏棋！白2挖，好手！以下至白6，黑棋被吃。

如图5-16-3D，黑1夹，妙手！白2拐，黑3渡过，白4打吃，黑5连后，白棋2口气，黑▲二子3口气，白棋被吃。

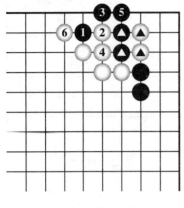

图5-16-3C

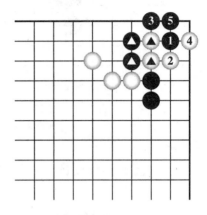

图5-16-3D

三、夹在死活中的应用

如图5-16-4A，黑先，被围的白棋吃了黑▲一子，好像已经活了，由于白棋气比较紧，黑棋有手段。怎样走能将白棋杀死呢？

如图5-16-4B，黑1拐，坏棋！白2立后，白棋已经活了。

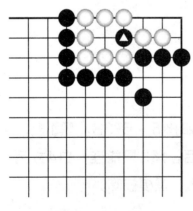

图5-16-4A

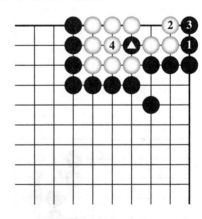

图5-16-4B

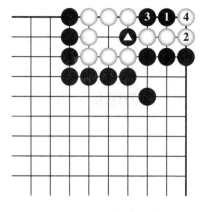

如图5-16-4C，黑1夹，妙手！白2立，黑3送吃，绝妙！白4提，黑5再于3位扑，形成"双倒扑"，白棋被杀。

图5-16-4C ❺=❸

如图5-16-5A，黑先，黑棋被白棋包围了，怎样才能做出两只眼呢？

如图5-16-5B，黑1虎，好像是活棋的要点，白2断，好棋！以下至白6，黑棋无法活棋。

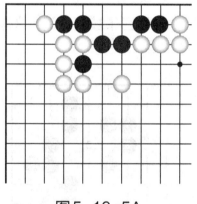

图5-16-5A

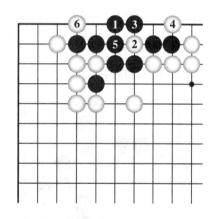

图5-16-5B

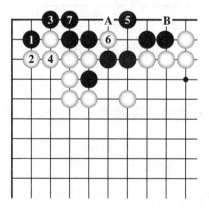

图5-16-5C

如图5-16-5C，此题黑棋要想活棋，必须寻找白棋的弱点。黑1夹，妙手！白2扳，黑3渡过打吃，白4连，黑5是活棋的要点，白6断，黑7连后，留下A、B两点，黑棋必得其一，黑棋两眼活棋。

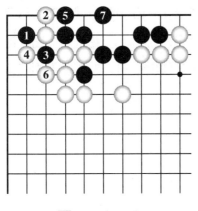

图 5-16-5D

如图 5-16-5D，黑 1 夹后，白 2 立，黑 3 断，好棋！白 4 打吃，黑 5 反打，白 6 只能提，黑 7 做眼，黑棋已经活棋。此图黑方比图 5-16-5C 好。

四、夹的其他应用

1. 竹节筋

如图 5-16-6A，黑先，怎么走才能将 3 块黑棋连上呢？

如图 5-16-6B，黑 1 夹，白 2 连，黑 3 断，白棋四子被吃。黑 1 这样的着法，称为"竹节筋"。

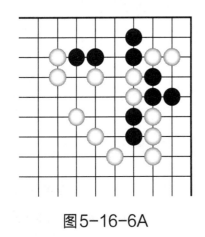

图 5-16-6A   图 5-16-6B

2. 官子中的夹

夹在围棋中的应用相当广泛，除了上述方面外，在收官（见后文）阶段也很常用。

如图 5-16-7A，黑先，黑棋有手段破角上白棋的空吗？

如图 5-16-7B，黑 1 夹，好手！白 2 连，黑 3 渡过，白棋的空减少许多。黑 1 夹时，白棋若在 3 位立，则黑于 2 位断，白损失更大。

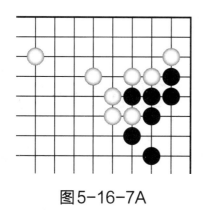

图5-16-7A

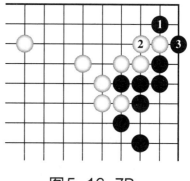

图5-16-7B

随手练

以下各题均为黑先，下在哪儿可以杀死白棋或者破掉白棋的空呢？

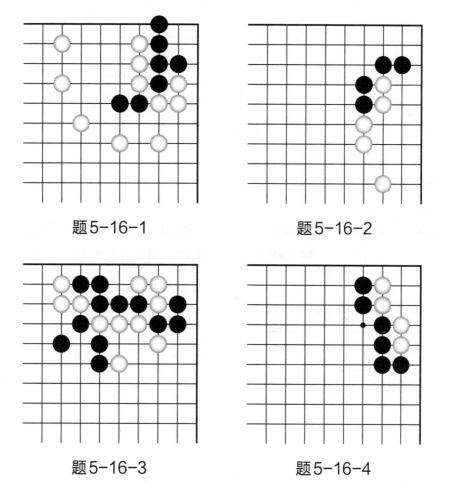

题5-16-1

题5-16-2

题5-16-3

题5-16-4

第17课 "点"和"老鼠偷油"

点是对局中的常用手段之一，它主要用于破坏对方棋形、破坏对方眼位、夺取对方根据地和对杀等方面。

"点"是下在对方的空里，在对方棋子的斜下方下一子。如图5-17-1所示，黑1称为"点"。下面从5个方面介绍"点"的作用。

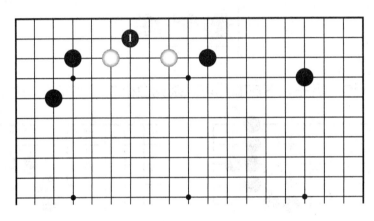

图5-17-1

一、点在吃子中的应用

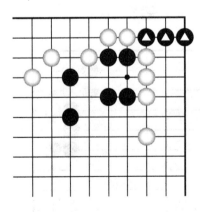

图5-17-2A

如图5-17-2A，黑先，角上的黑●三子被白棋包围了，怎样才能将它们救出呢？

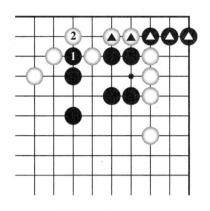

图 5-17-2B

如图5-17-2B，通过分析得出：要想救出黑▲三子，必须吃掉白◆二子。黑1冲，坏棋！白2挡，白棋已经联络，黑棋失败。

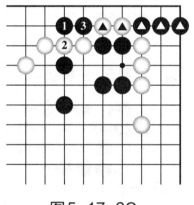

图 5-17-2C

如图5-17-2C，要想吃掉白棋二子，必须寻找白棋棋形的缺陷。黑1点，好棋！白2连，黑3断，白棋被吃；当黑1点时，白2若在3位连，黑棋在2位断，角上的黑棋5口气，白棋四子4口气，白棋也被吃，而且损失更大。

二、点在对杀中的应用

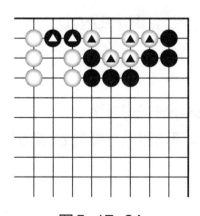

图 5-17-3A

如图5-17-3A，黑先，黑▲二子和白◆五子对杀，怎样将白棋杀死呢？

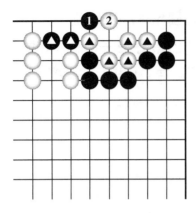

如图5-17-3B，黑1打吃，有问题的一手。白2做劫，好棋！形成"劫杀"，黑棋失败。

图5-17-3B

如图5-17-3C，黑1扳，紧气，白2做眼，好棋！以下至黑7，也是"劫杀"，其中黑5扑，好棋！黑5若在6位立，白棋紧气，形成"有眼杀无眼"，黑棋净死。

如图5-17-3D，黑1点，是紧气的好手。以下至黑5，白棋被杀。

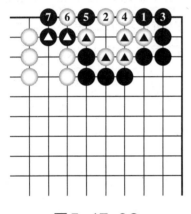

图5-17-3C

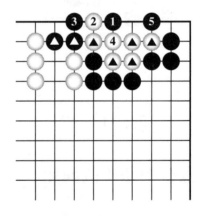

图5-17-3D

三、点在破眼中的应用

如图5-17-4A，黑先，怎么下才能杀死被围的白棋呢？

如图5-17-4B，黑1点，好棋！白2立，黑3再点，白4立，黑5连，好棋！以下至黑7，形成"直三"，白棋被杀。

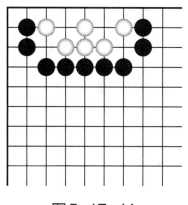

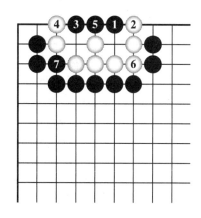

图5-17-4A

图5-17-4B

四、点在破坏对方棋形时的应用

在对方棋形有缺陷时，一"点"击中要害或利用"点"的手段将对方的棋形变成坏形。

如图5-17-5A，黑先，白棋的棋形看着好像很漂亮，但仔细观察就能发现其中的问题。

如图5-17-5B，黑1点，击中白棋的要害。白2连，以下至黑5，黑棋安全连回，白棋无法做出两只眼，被杀。

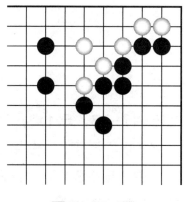

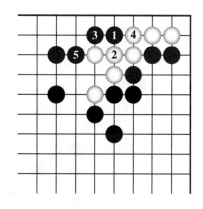

图5-17-5A

图5-17-5B

如图5-17-6A，黑先，如何攻击白棋四子？

如图5-17-6B，黑1点，好棋！该形又称"点方"，白棋若在A位连，形成"愚形"；若不连，将来黑棋在A位断，两边的白棋都有危险。

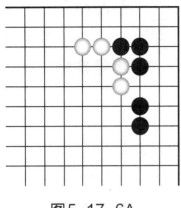

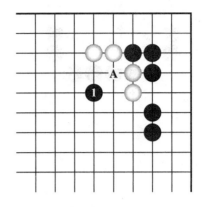

图5-17-6A　　　　　　　　　　　　　图5-17-6B

五、点的其他应用

1.老鼠偷油

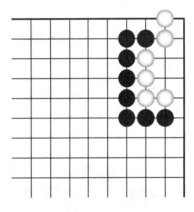

图5-17-7A

如图5-17-7A，黑先，怎样下能将角上的白棋杀死呢？

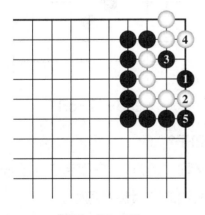

图5-17-7B

如图5-17-7B，黑1点，妙手！白2立，黑3断，至黑5，白棋被杀；黑1点时，白2若在3位连，黑3下在2位渡过，称为"老鼠偷油"。

2. 点在收官中的应用

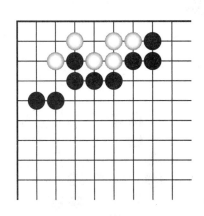

如图5-17-8A，黑先，角上的白棋是活棋，怎样收官呢?

图5-17-8A

如图5-17-8B，黑1点，收官的好手。白2立阻渡，黑3断，白4扳，黑5打吃，白6连，黑7立，好棋！以下至黑11，形成"刀五"，白棋被杀。

如图5-17-8C，黑1点，白2只能连，以下至白6，白棋两眼活棋，角上的空被黑棋夺走，这是双方的正确下法。

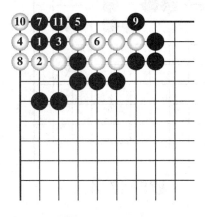

图5-17-8B

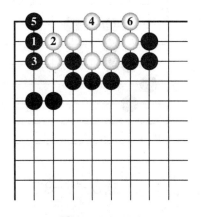

图5-17-8C

点这种手段，在对局中应用非常广泛，大家只有经过反复练习，仔细地观察，才能掌握"点"的应用。

随手练

以下各题均为黑先，怎样下才能杀死白棋？

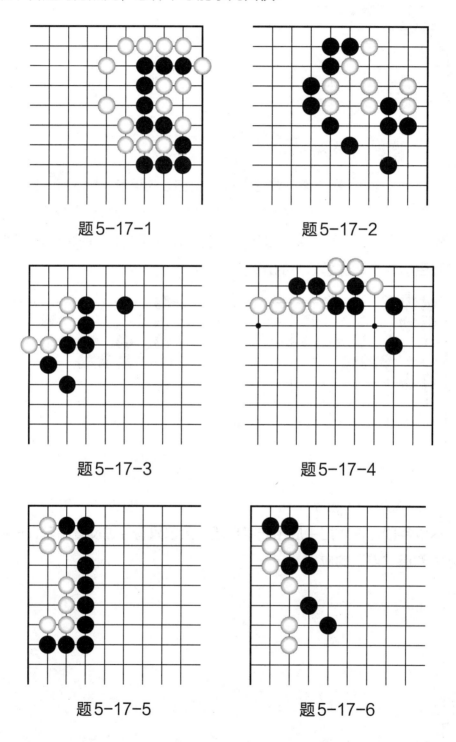

题 5-17-1

题 5-17-2

题 5-17-3

题 5-17-4

题 5-17-5

题 5-17-6

第18课 "倒脱靴"

前几课介绍的几种攻杀着法,在对局中都很常用。本课介绍"倒脱靴",这种着法虽然在对局中比较少见,但作为围棋爱好者,大家还是应该了解一下。

倒脱靴是主动送给对方几个子吃,然后再将对方的棋子吃回。倒脱靴主要发生在边、角。如图5-18-1A、图5-18-1B,白1提,吃掉黑▲四子;黑2断打吃回白棋五子,这种吃子的方法称为"倒脱靴"。

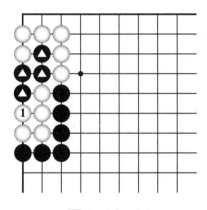

图5-18-1A

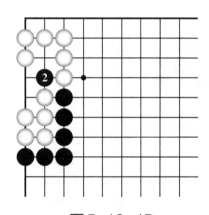

图5-18-1B

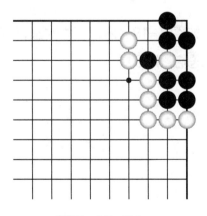

图5-18-2A

如图5-18-2A,黑先,被围的黑棋已经有一只眼,如何才能做出另一只眼呢?

如图5-18-2B，黑1连，好棋！白2提（黑1若下在2位提，白棋下在1位，黑棋被杀）。

如图5-18-2C，接上图，黑3断打，白棋二子被吃，黑棋两眼活棋。

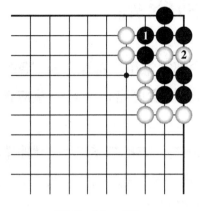

图5-18-2B

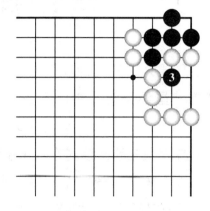

图5-18-2C

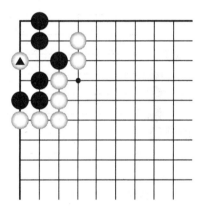

图5-18-3A

如图5-18-3A，黑先，针对白▲一子点眼，黑棋要小心应对，怎样走能够活棋呢？

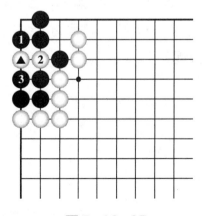

图5-18-3B

如图5-18-3B，黑1做眼，好棋！白2送吃，黑3提。

如图5-18-3C，接上图，白4扑，黑5连，好棋！白6提。

如图5-18-3D，接上图，黑7断打，白棋二子被吃，形成倒脱靴，黑棋活棋。

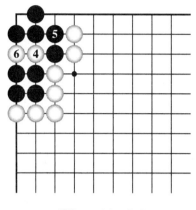

图5-18-3C

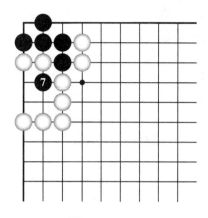

图5-18-3D

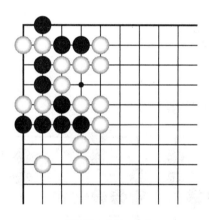

图5-18-4A

如图5-18-4A，黑先，角上的黑棋被白棋包围了，能活吗？

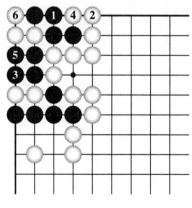

图5-18-4B

如图5-18-4B，黑1连，好棋！白2立，黑3提，白4打吃，黑5打吃，白6提黑棋四子。

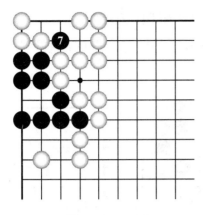

图5-18-4C

如图5-18-4C，接上图，黑7断打，角上白棋三子被吃，形成倒脱靴，黑棋两眼活棋。

倒脱靴的特征：一般发生在二线，棋形有方四或曲四，通常都是一线两个子，二线两个子。

随手练

以下各题均为黑先，黑棋怎样做活或吃掉白棋？

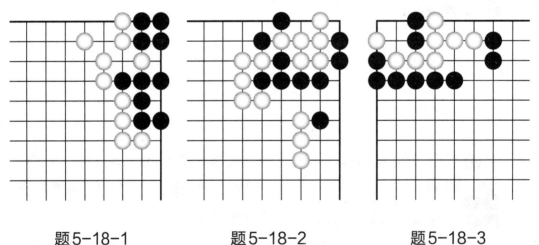

题5-18-1　　　　　题5-18-2　　　　　题5-18-3

第六章　死活题基础

　　本章主要介绍死活题的基本杀法、思路和常见的死活棋形。死活问题关系到整块棋的生死，关系到一盘棋的胜负，大家在学习时要理清思路，找出规律。一般情况下，先缩小眼位再抢占眼形要点，但有时要先抢点眼形要点。这些内容大家要牢记，对提高棋艺水平大有益处。

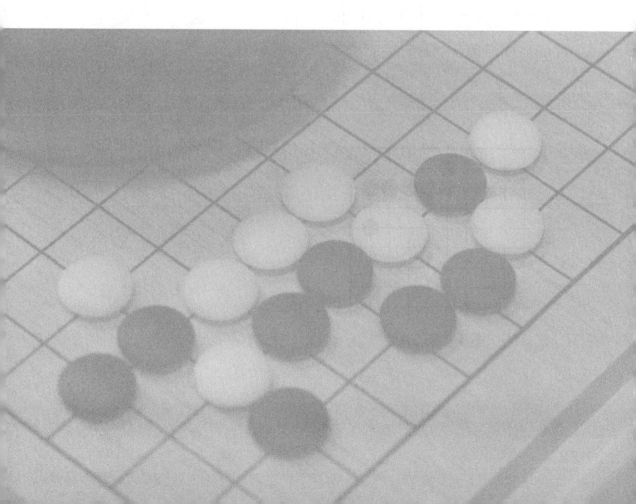

第19课 死活题基本杀法

一、缩小眼位

缩小眼位是死活题的基本杀法之一。缩小眼位主要是以从外面动手来杀死对方的方式解决棋的死活问题。

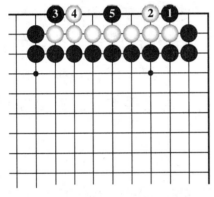

图6-19-1

如图6-19-1，本题即是围棋基本死活中讲到的"七死八活"，黑棋在1位、3位扳，缩小了白棋地眼位，致使白棋成为"直三"，黑棋再于5位点，将整块白棋杀死。

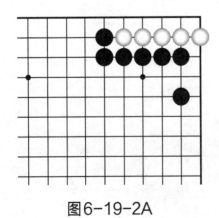

图6-19-2A

如图6-19-2A，黑棋把白棋包围了，黑先，如何才能杀死白棋呢？

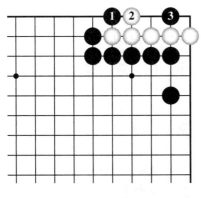

图6-19-2B

如图6-19-2B，黑1扳，白2挡后，黑3点，使白棋只能做出一只眼，结果白棋被杀。

缩小眼位关键要找到对方空没围住的地方，然后从这个缝隙往里钻，致使对方的空减少。

下面介绍几种缩小眼位常用的手段。

1.扑

如图6-19-3A，黑棋把白棋包围了，怎么下能杀死白棋呢？

如图6-19-3B，黑1打吃，错误！白2接，白棋形成"直四"，活棋。其中，黑1没有把白棋的空减少。

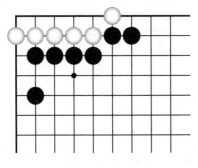

图6-19-3A

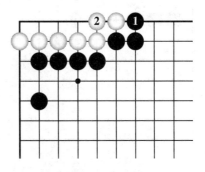

图6-19-3B

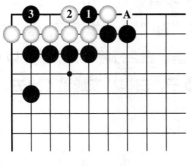

图6-19-3C

如图6-19-3C，黑1扑，好棋！缩小眼位的好手。白2提，黑3点眼，白棋被杀。其中，黑3不能在A位打吃，否则白棋将不在1位接，而在3位做眼，白棋活棋。

2.冲、扳

如图6-19-4A，黑先，怎么下能杀死角上的白棋呢？

如图6-19-4B，黑1冲，缩小眼位的好手。白2接，黑3、5再扳，继续缩小眼位，至黑7点眼，白棋被杀。

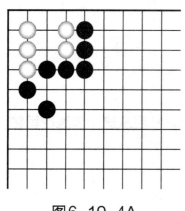

图6-19-4A

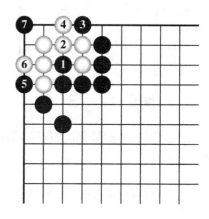

图6-19-4B

3.挖、断

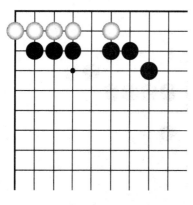

图6-19-5A

如图6-19-5A，黑先，怎么杀死角上的白棋呢？

如图6-19-5B，黑1拐，围住白棋，好像有道理，但白2接，黑3扳，再缩小眼位就来不及了，白4挡后，白棋形成"直四"，白棋净活，黑棋失败。

如图6-19-5C，黑1挖，缩小眼位的好棋！白2打吃，黑3接，以后A、B两点黑棋必得其一，白棋被杀。由于有黑▲子，白棋从二线逃不出去。

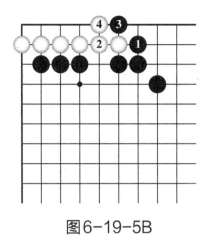

图6-19-5B

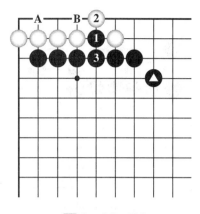

图6-19-5C

4.断

如图6-19-6A，黑先，白棋似乎眼形很丰富，好像杀不死，但黑棋若能找到白棋的缺陷，可以将白棋杀死，白棋的缺陷在哪呢？

如图6-19-6B，黑1冲，没有找到白棋的缺陷，白2接，白棋已活，黑棋失败。其中，黑1冲，白2接，白棋正好做眼，我们称"黑1帮助白棋做眼"。

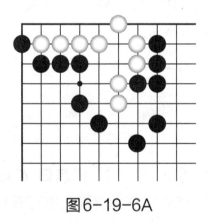

图6-19-6A

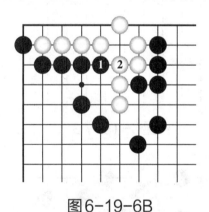

图6-19-6B

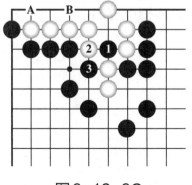

图6-19-6C

如图6-19-6C，黑1断，好棋！白棋缺陷所在。白2打吃，黑3挤，致使白棋成为假眼，以后A、B两点黑棋必得其一，白棋被杀。

5. 送吃

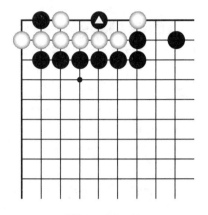

图6-19-7A

如图6-19-7A，白棋已有一只眼，黑●子又被吃，白棋好像已活，但仔细观察，黑棋有手段，黑棋该怎么下呢？

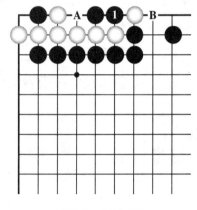

图6-19-7B

如图6-19-7B，黑1送吃，好棋！也可以称为"扑"。白棋若在A位提，黑棋再下1位扑，白棋被杀。其中，黑1若在B位打吃，白棋在1位接，白棋净活。

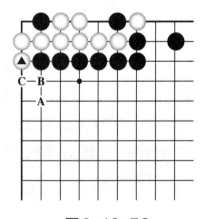

图6-19-7C

如图6-19-7C，将来白⊙企图逃，黑棋可以在A位跳，也可在B位退；切不可在C位挡，否则，白棋在B位断吃，白棋可逃出。

6. 托

如图6-19-8A，被围的白棋已经有一只眼，还有做眼的空，好像已活，黑棋有什么办法呢？

如图6-19-8B，黑1托，好棋！白2打吃，黑3断，白棋的眼变成假眼，白棋被杀。

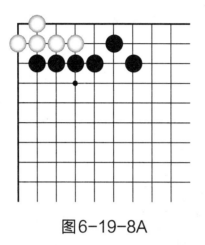

图6-19-8A   图6-19-8B

二、抢占眼形要点

抢占眼形要点也是死活基本杀法中常见类型之一，相对于缩小眼位而言，它是一种在对方空的里面动手，达到消灭对手的行棋方式。常见的眼形要点有两种，一种是走一手棋可以直接做出真眼的要点，如图6-19-9中A位。另一种是走一手棋将已有眼形做成真眼的要点，如图6-19-10中A位。

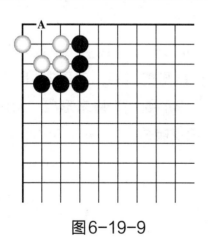
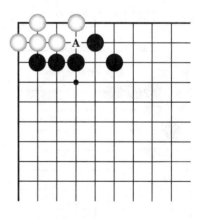

图6-19-9   图6-19-10

下面请大家看几个用抢占眼形要点法杀死对方的例题。

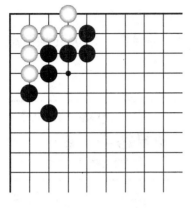

图6-19-11A

如图6-19-11A，这是著名的"盘角曲四"形状，如果我们不了解这类题型的特点，盲目地采用不恰当的方法杀棋，则会造成对方轻松活棋。

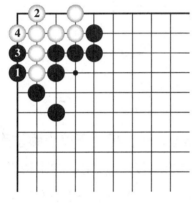

图6-19-11B

如图6-19-11B，黑1扳，缩小眼位，错误。白2做眼，好棋！黑3长，白4挡，白棋两眼活棋，黑棋失败。

那么，到底用该用什么方法将白棋杀掉呢？

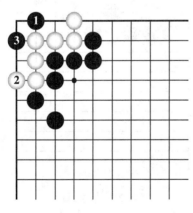

图6-19-11C

如图6-19-11C，黑1托，抢占了白棋眼形的要点，白2立，黑3扳，再抢占眼形要点，将来形成"盘角曲四"，白棋被杀。

诸如此类的例子还有很多，如前面曾经学过的死活基本型中直三、曲三、丁四、刀五、花六（亦称葡萄六），这些图形出现后都需要及时抢占对方的眼形要点。

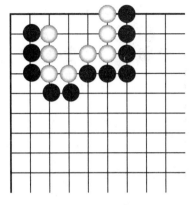

图6-19-12A

如图6-19-12A，黑先，怎么破白棋的眼呢？

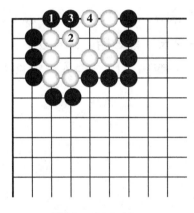

图6-19-12B

如图6-19-12B，黑1扳，缩小眼位，错误。白2做眼，抢占眼形要点。黑3长，白4挡，白棋已活，黑棋失败。

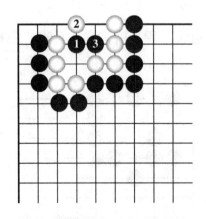

图6-19-12C

如图6-19-12C，通过观察发现，白棋空的形状像"刀五"。黑1抢占眼形要点，好棋！白2扳，黑3长，继续抢占眼形要点，白棋被杀。

如图6-19-13A，黑先，怎么杀死白棋呢？

如图6-19-13B，黑1拐，错误。白2做眼，黑3拐，白4立，做眼。白棋已活，黑棋失败。

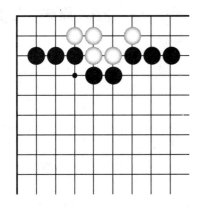

图6-19-13A

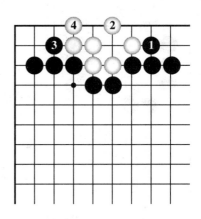

图6-19-13B

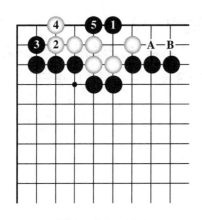

图6-19-13C

如图6-19-13C，黑1点眼，好棋！白2长，黑3挡，白4立，黑5长，抢占眼形要点，以后白A，黑B，白棋被杀。

如图6-19-14A，黑先，该怎么杀白棋呢？

如图6-19-14B，黑1点眼，白2立，阻渡。黑3挤，白4断吃，白棋活棋，黑棋失败。

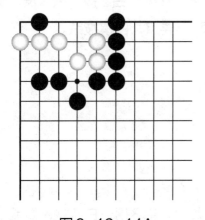

图6-19-14A

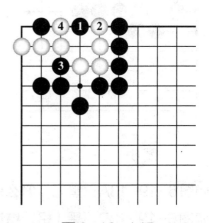

图6-19-14B

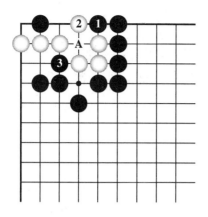

图6-19-14C

如图6-19-14C，黑1冲，白2挡，黑3挤，A位的眼成为假眼，白棋被杀。

如图6-19-15A，黑先，怎么杀白棋呢?

如图6-19-15B，黑1冲，缩小眼位，白2挡，黑3点，白4做眼，白棋已活。其中，黑3若下在A位打吃，白棋在B位接，白棋也活。

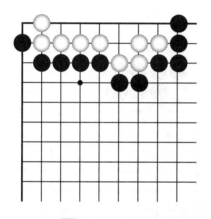

图6-19-15A

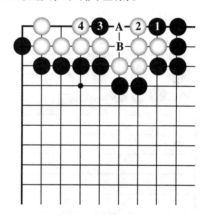

图6-19-15B

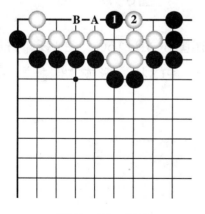

图6-19-15C

如图6-19-15C，黑1点眼，看似抢占眼形要点，但白2立，以后黑A，白B，白棋活棋。

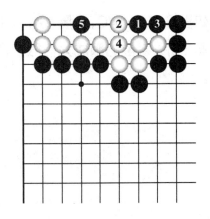

图6-19-15D

如图6-19-15D，黑1托，好棋！白棋眼形要点。白2打吃，黑3接，反打吃白棋，白4接，黑5点眼，白棋被杀。

如图6-19-16A，白先，被围的黑棋眼形好像比较丰富，但由于黑棋气紧，白棋有手段，该怎么下呢？

如图6-19-16B，白1打吃，黑2接，白3再打，黑4接，黑棋已活，白棋失败。

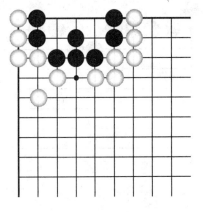

图6-19-16A

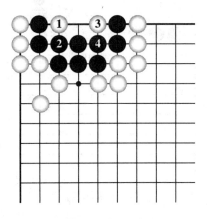

图6-19-16B

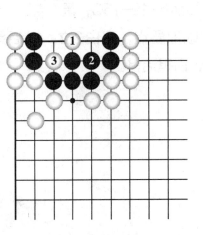

图6-19-16C

如图6-19-16C，白1托，好棋！黑2接，白3扑，形成"倒扑"，黑棋被杀。

抢占眼形要点主要找对方下在哪儿能出眼，哪里就是眼形要点。在实战中，经常是先缩小眼位，然后再抢占眼形要点。

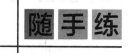

以下各题均为黑先，怎样下才能杀死白棋？

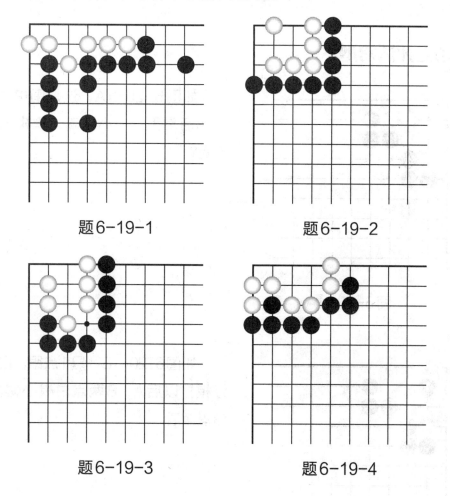

题6-19-1

题6-19-2

题6-19-3

题6-19-4

第20课 常见死活题和手筋练习

所谓常见死活题主要指在角上经常出现的死活题，而简单的手筋主要以吃子为主，是一些围棋常型。本课内容以常见的题型帮助大家提升计算能力，把基本功夯实。

一、角上死活常型

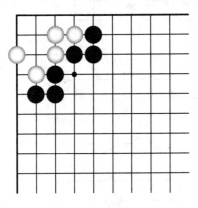

图6-20-1A

如图6-20-1A，这是围棋中著名的死活常型——小猪嘴，黑棋该怎么下呢？

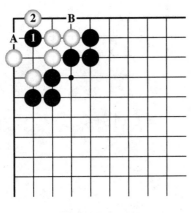

图6-20-1B

如图6-20-1B，黑1点眼，白2扳，好棋！以后A、B两点白棋必得其一，白棋净活。

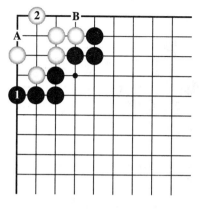

图6-20-1C

如图6-20-1C，黑1立，白2小尖，眼形要点。以后A、B两点白棋必得其一，白棋净活。

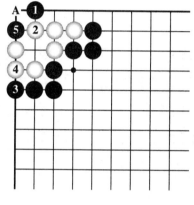

图6-20-1D

如图6-20-1D，黑1点，妙！白2做眼，黑3再立，次序正确。白4接，黑5扑，白棋在A位提劫，形成"劫活"。

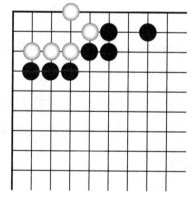

图6-20-2A

如图6-20-2A，角上白棋的形状称为"大猪嘴"，黑棋该怎么杀白棋呢？

如图6-20-2B，黑1点，白2扳，阻渡，好棋！以后A、B两点白棋必得其一，白棋净活。

如图6-20-2C，黑1点眼，白2拐，好棋。黑3扳，缩小眼位，白4挡住，黑5扳，抢占眼形要点，白6断吃，白棋已活。

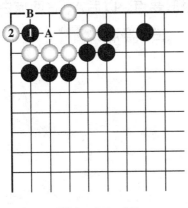

图6-20-2B

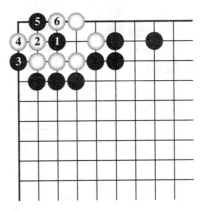

图6-20-2C

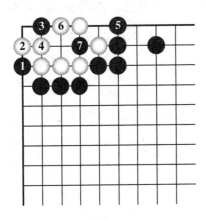

图6-20-2D

如图6-20-2D，黑1扳，缩小眼位，好棋！白2扳住，黑3点眼，次序正确。白4接，黑5立，好手。白6顶时，黑7扑，破眼，白棋被杀。

"大猪嘴"的杀棋要点有一个口诀叫作"扳点杀"。其中，黑1在3位先点也可以杀死白棋。

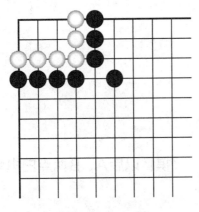

图6-20-3A

如图6-20-3A，这是角上的"板六"，在没有外气的情况下，黑棋有什么手段呢？

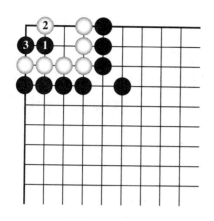

图6-20-3B

如图6-20-3B，黑1点二·2，好棋！白2夹，黑3立，白棋被杀。黑1若在2位点，结果怎样呢？请大家验证一下吧。

在角上还有很多棋形，但杀法比较复杂，这里就不介绍了。下面介绍常见的吃子手筋。

二、简单吃子手筋

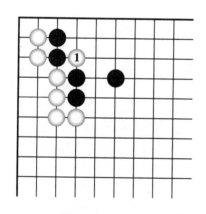

图6-20-4A

如图6-20-4A，当白1断时，黑棋该怎么下呢？

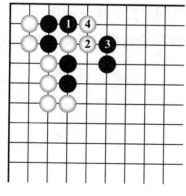

图6-20-4B

如图6-20-4B，黑1拐打，白2逃出，黑3挡，白4拐，黑棋被吃。其中，黑1若在2位打吃，白棋在1位立，黑棋也被吃。

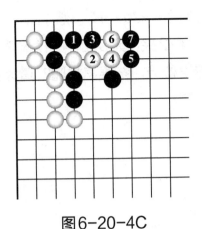

图6-20-4C

如图6-20-4C，黑1拐打，白2长，黑3再长，好棋！白4长，黑5扳住，好棋！白6逃，黑7夹住，白棋被吃。这种吃子的手段称为"缓气征"。

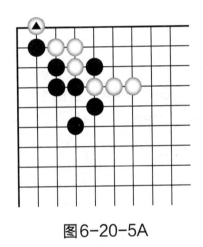

图6-20-5A

如图6-20-5A，当白▲子扳时，黑棋该怎么下呢？

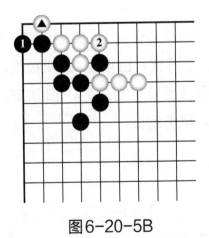

图6-20-5B

如图6-20-5B，当白▲扳时，黑1立，软弱。白2吃住黑棋一子，黑棋失败。黑棋没有抓住白棋棋形的弱点。

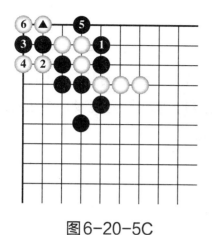

图6-20-5C

如图6-20-5C，黑1挡，好棋！白2打吃，黑3立，白4打吃，黑5打吃，白棋只能提。

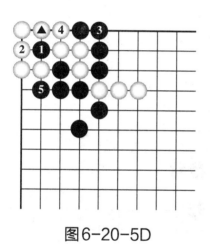

图6-20-5D

如图6-20-5D，白棋提后，黑1扑，白2提，黑3接，白4接，黑5紧气，白棋"大头鬼"被吃。

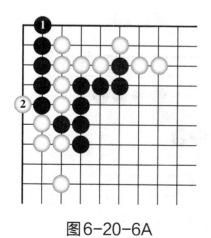

图6-20-6A

如图6-20-6A，黑1立，白2扳后，黑棋有什么手段吗？

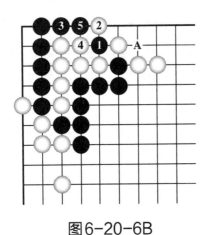

如图6-20-6B，黑1断，好棋！抓住了白棋的弱点。白2打吃，黑3打吃，白4提，黑5再打吃，此时白棋如在1位接，黑棋滚打包收，将在A位尽吃白棋。

图6-20-6B

随手练

以下各题均为黑先，黑棋怎样下好呢？

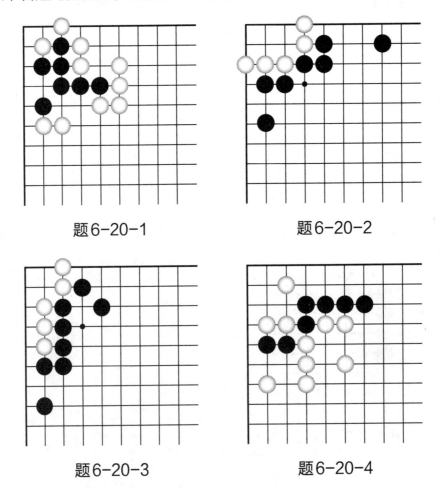

题6-20-1

题6-20-2

题6-20-3

题6-20-4

第七章　基本定式

关于定式的概念，就是双方在角上进行激烈的争夺，形成了很多种常见的变化，经过棋手们反复研究实践，认为双方都能够接受而保留下来的变化，也就是说双方的得失基本相当的那些变化，也就是"定式"了。

定式有很多，按照占角的方式形成的定式基本分为：星定式、小目定式、高目定式、目外定式、三·3定式等。

第21课　星定式

占据星位的占角方式，非常利于向棋盘的两边和中腹发展，但它也有不利的一面——不利于守角。下面将常见的20个星定式介绍给大家。

如图7-21-1，黑1星，白2小飞挂，黑3小飞应，白4小飞进角，黑5尖，白6拆二。双方各有所得，各建根据地，是最常用的定式。

如图7-21-2，白2受攻后于6位托，选择就地做活，黑7扳时，白8连扳腾挪（腾挪是一种在敌强我弱时较轻灵的、可弃可取的、整顿己方棋子的技巧）形，白10倒虎后安定。如白2不受攻时一般不主动于6位托。

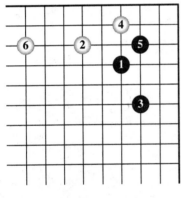

图7-21-1

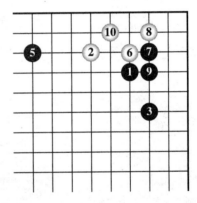

图7-21-2（④脱先）

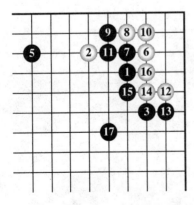

图7-21-3（④脱先）

如图7-21-3，黑5夹攻，是惩罚白4脱先的手段，白6点角转换简明，至16活角，17飞补好手。如白2不受攻时，白方不会点角。

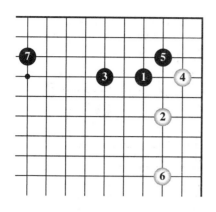

图7-21-4

如图7-21-4，黑1星，白2小飞挂，黑3单关（跳）应，以发展为主。白4进角，黑5尖保住角地，白6拆二后获安定，因黑3处于四线不利于占地，黑7斜拆三不可省略。

如图7-21-5，白4脱先，黑5夹攻，白2受攻后于6位托角是就地做活的常用手段。白8反扳腾挪。黑9可于A位打，形成转换，也可于B位连扳反击，确保角地，图中9位接冷静，可有效地限制白方腾挪。同样道理，黑11斜拆三不可省略。

如图7-21-6，白6点角转换，先手得黑角地，白18接不可省略，否则黑棋角上不好，黑19接后黑外势较厚。故白棋挂角黑单关应后，白方不宜脱先。

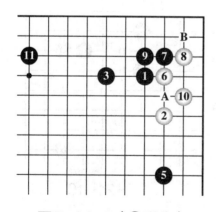

图7-21-5（④脱先）

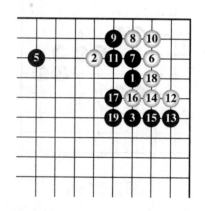

图7-21-6（④脱先）

如图7-21-7，白小飞挂，黑单关应后，白4高拆，黑5也直接拆边，是双方均不定形保留变化的方法。白方饲机于A位点角，黑方饲机于B位打入。

如图7-21-8，因黑3位置高，白4可马上逼住，黑5夹攻厉害，白6出头，黑7顺调跳出，黑9尖顶补A位刺。

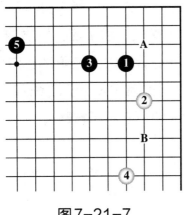

图7-21-7

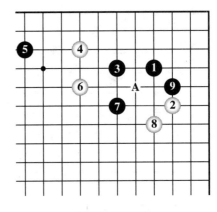

图7-21-8

如图7-21-9，黑3大飞应是古来即有的方法。白4点角至12先手活角，黑9顶紧好手，白14消黑势，黑15、17好形，以后黑A扳粘先手。

如图7-21-10，白4不点角而逼，意不在得角。黑5"玉柱"（一方占角星后向边线立）坚实，白6拆二补强准备打入黑角，黑7跳补，角上成为实地。如白6不拆二而于A位跳，则黑棋于B位飞补。如白6不拆二而于C位大跳，则黑棋于D位尖补结实。

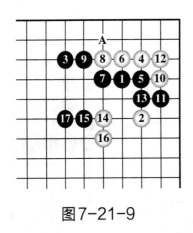

图7-21-9

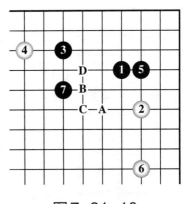

图7-21-10

如图7-21-11，黑3压，意欲取势，让子棋中黑方常用，是古法。白4扳，黑5长，均为常形，白6长时黑7挡，不怕白棋于A位冲。白8拆后生根，黑9拆于星下，生动，如于B位补断则局促。白8拆后如黑棋于C位曲是大俗手，白D位长后E位断点消失。

如图7-21-12，白6不长而托，欲争夺角地，黑7扳，尽量保住角地，白8接实后，黑9只能接，补A位冲的弱点，白10大飞安定，黑11拆于星下占地。双方棋形均完整，开拆距离合适，平分秋色。

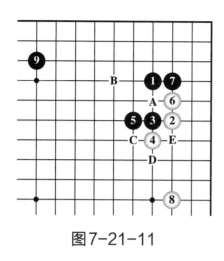

图7-21-11

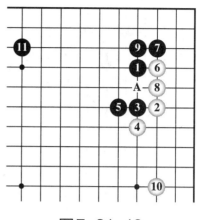

图7-21-12

如图7-21-13，白6托时，黑7挖，给白棋制造断点，白8打，黑9接必然。白10虎，好形，既补好两个断点，还丰富了自身眼位。黑11打是先手，黑13曲必不可少，黑15拆地。以后黑于B位挡，保角补断，如白棋于A位断吃一子，价值在20目以上。

如图7-21-14，白6直接点角，黑7挡让白8连通是照应上边的选择，这种变化黑方稍亏，一般在15位先有子时采用。

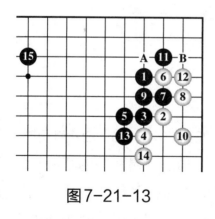

图7-21-13

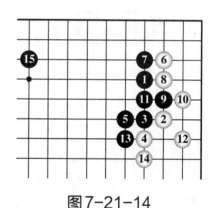

图7-21-14

如图7-21-15，白6点角，黑7虎分断白棋，白8小飞活棋（也可于A位长后拆一），黑9打吃一子厚实。

如图7-21-16，黑5不长而虎，欲保住角地，白6先打，然后8位接是好次序，使黑棋四子成为愚形，黑9拆一为本手，白10立二拆三为好点，11拆占地。

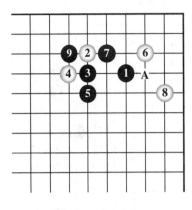

图7-21-15

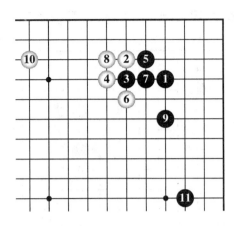

图7-21-16

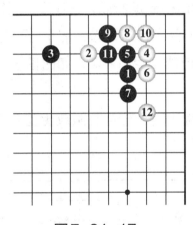

图7-21-17

如图7-21-17，黑3一间夹，白棋常于4位点角。以下到白12跳出头为必然应对。黑5分断白棋后黑3一子稍显近，不够生动。

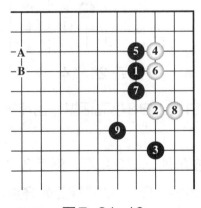

图7-21-18

如图7-21-18，白4点角时黑5允许白方通连，是取势的着法，黑7长，急所，黑9小飞封头成势。此形黑方A、B位应事先有子，否则外势落空。

如图7-21-19，白4跳，为白方不愿点角时所用。白6罩，攻击黑3之子，黑7尖顶后再于9位长是次序，白16补后黑方满意。

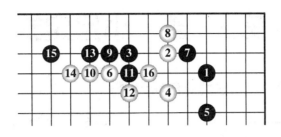

图7-21-19

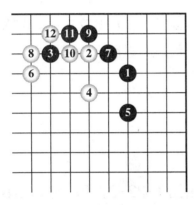

图7-21-20

如图7-21-20，黑7尖顶先手利时白于8位立，至白12吃黑棋一子，白棋形极厚。黑角地中虽显稍薄，但黑棋得先手较好。一般情况下，黑棋一间夹时，白方点角转换为好。

对于定式不用死记硬背，只要在反复的实践中理解了其含义，知道最基本的变化就可以了。

第22课 小目定式

现将常见的20个小目定式介绍给大家。

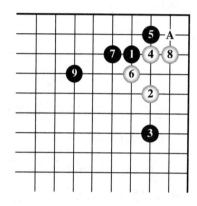

图7-22-1

如图7-22-1，黑1小目，白2小飞挂常用，黑3一间夹较紧，白4托角就地谋活，黑5扳，白6虎是棋形所在，黑7长，白8立生根，黑9小飞（也可拆二），以后A位是要点。

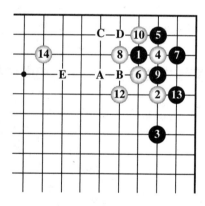

图7-22-2

如图7-22-2，黑7打，白8反打为必然，黑9提，白10打，黑11于4位接，白12补断，黑13渡过，白14拆三，以后有黑A、白B、黑C、白D、黑E的手段。

如图7-22-3，白4压，白6退，有稍缓的感觉，至白12定式结束，白棋活得局促，黑棋以后于A位尖顶是要点。

如图7-22-4，白6长，比退积极。黑9小飞，瞄准白棋断点兼拆地，白10压补断但稍损，白12是攻击的要点，黑15出头，结果两分。

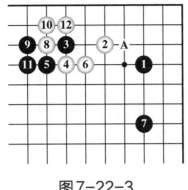

图7-22-3

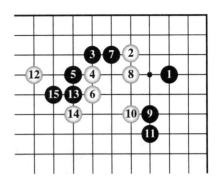

图7-22-4

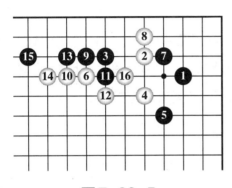

图7-22-5

如图7-22-5，星定式中有类似形状。此定式曾经风行一时，结果两分。该棋形后在日本棋手中经研究又有所发展。

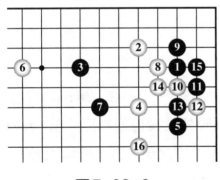

图7-22-6

如图7-22-6，黑3二间高夹适中，近代极为流行，白4大跳也常用。白6夹攻，黑7飞积极，白8尖有力，白10、12连扳为手筋，白16跳出头，结果两分。

如图7-22-7，白4尖是最稳健的方法，也曾风行一时。黑5小飞，攻守兼备，白6小飞生根，黑7超大飞拆地。白方局部稍亏，但得先手。

如图7-22-8，白2一间高挂，易于取势，是使用率最高的挂角方法。黑3、5托退得角上实地，白6接补断，黑7拆一也可于A位飞，白8立二拆三为好点，黑角地约15目。

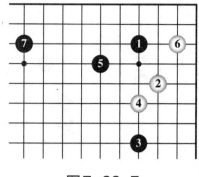

图7-22-7

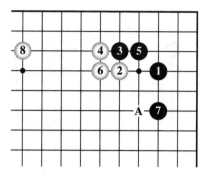

图7-22-8

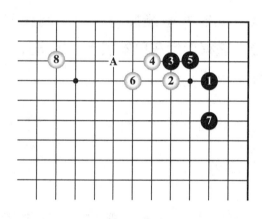

图7-22-9

如图7-22-9，白6不接而虎，也是一种选择。白8超大飞比拆三宽出一路，但白棋有A位打入。

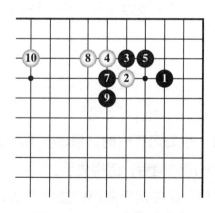

图7-22-10（⑥脱先）

如图7-22-10，黑5退后白6不接而脱先它投也很常见。黑7断有力，黑9吃白2之子，白10拆二生根。

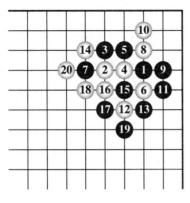

图7-22-11

如图7-22-11，黑7扳后至白20提的定式称"小雪崩"，局部两分，黑得先手。其中，如白方征子有利时白12可于13位长，则黑方明显不利。因此黑方选择小雪崩定式时，一定要看清己方是否征子有利，否则会导致失败。

如黑7不扳而于14位长，白8也于7位压，黑9于20位扳时就形成波澜四起、变化无穷的"大雪崩"。"大雪崩"定式过于复杂，本书不做详解。

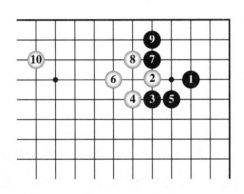

图7-22-12

如图7-22-12，黑3外靠，黑7夹，黑9立稳健得角。白10超大飞拆地，因黑9立后硬腿，白10得地不多，也可脱先转别处大场。

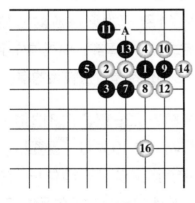

图7-22-13 ❶⑤=❶

如图7-22-13，白4托角须白方征子有利时方可使用。黑5扳是重视上边的下法，白6顶到白10立吃黑棋二子，黑11点为好手，白12稳健，黑15扑时白棋不提，保留A位打的眼位，到白16拆二两分。白16也可脱先。

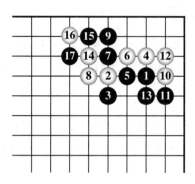

图 7-22-14

如图7-22-14，如白方征子不利还下4位托角，则黑5顶有力，到黑17断，白棋崩溃。如白14不紧气而于17位尖，则白角差1气被吃。

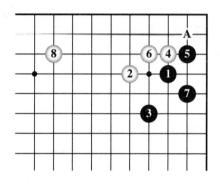

图 7-22-15

如图7-22-15，黑3小飞是想往右边发展，到白8白棋稍有利。黑7也可不虎而于A位长得角，但右边显薄。

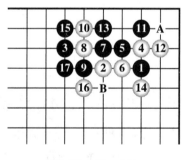

图 7-22-16

如图7-22-16，黑3一间夹攻白高挂之子。白4托角最为常见，黑5扳，白6断，黑7长后白8挖是好手，黑9选择四线打，白10立，多弃一子，好棋！11到17为必然应对着数，为典型定式，黑棋厚实，白棋得先手，以后A、B两位都是价值较大的棋。

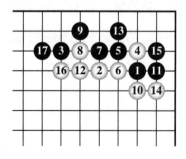

图 7-22-17

如图7-22-17，白8挖时黑9可选择打吃。白10先打，重要！如先于12位接，则黑棋可于10位长，白棋不便宜，黑13补，白14先手立下，白16先手压。这是非常明显的黑得实地白得外势。

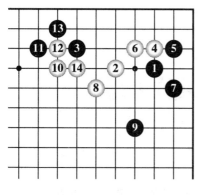

图7-22-18

如图7-22-18，白4托角时黑5、7扳虎，位置虽嫌低，但也还可下。白8尖出头要点，黑9大飞拓边，白10飞压必然，白14曲厚实。

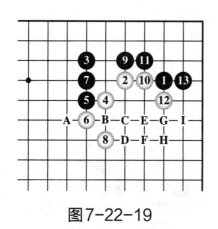

图7-22-19

如图7-22-19，白4尖，既出头又阻渡，黑5靠，黑7接，打算在边上成势。白8虎为稳健之着，到黑13相当两分。白8也可于A位长破黑势，黑棋如在B位断则白棋于8位打，黑C、白D，至I，弃子取势。

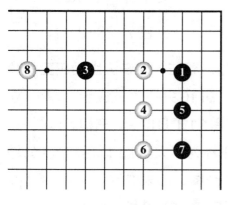

图7-22-20

如图7-22-20，黑3二间高夹是近代手法，严厉限制白方行动。白4、6连跳简明，黑5、7连拆得边，白8利用连跳之子夹攻黑3。

第23课 其他定式

一、目外定式

目外定式具有灵活多变的特点，可根据局面或个人趣向来选择。

如图7-23-1，白2小飞挂，黑3飞压是获取外势的主要手段。白4长，白6跳，生根出头，黑7在1、3、5的外势下拆四。

如图7-23-2，黑1至白6跳后，黑7、9连压取势。白10扳反抗，黑11扳求取外势，白12连扳时黑13冲，15断，借白方连扳的弱点先手交换是好次序，17打、19长是整形要点。黑21先手利。白20如不吃一子而改走A位尖顶，则黑B、白C、黑D、白21后，黑于20位征白12之子。

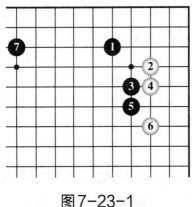

图7-23-1

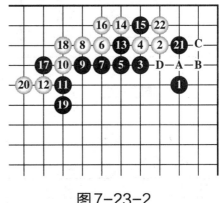

图7-23-2

如图7-23-3，黑5跳是重视中央势力的着法，但右边也相应变得薄弱。白6挖为本手，黑7打，白8接，黑9接。白10尖顶为试应手，黑11立下，白12必跳，如不跳，黑A位挡是先手，如黑11于B位尖，白棋可以脱先。

如图7-23-4，白2小飞挂，黑3大飞称为"大斜"，以后的变化极为复杂，在《围棋定式大辞典》中用了八百多个图，还未变尽。白4压是大斜正变，黑5挖，白6打，黑7接，白8接，黑9打，白10长，均为正常应对，黑11、15生根兼攻白子，白12、14、18拆边兼攻黑子。至白20，双方各不相让，也各有所得。

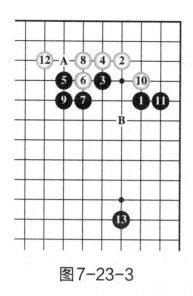

图7-23-3

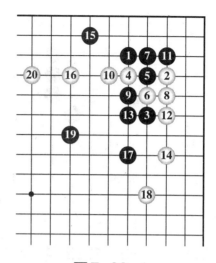

图7-23-4

如图7-23-5，黑棋大斜，白4压时黑5扳，白6长，黑7长进角，白8双，黑9长得角地，白10拆三。黑方既得实地，又得先手，简明。

如图7-23-6，黑3一间夹，对白棋小飞挂之子进攻。白4压，黑5扳时白6选择退，稳健。黑7拆二为本手，白8断吃黑3之子，至14结束。白方也可不走12而直接在14位吃黑棋一子。

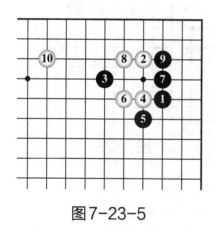

图7-23-5

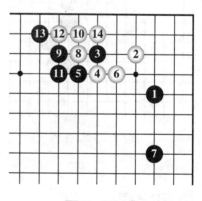

图7-23-6

如图7-23-7，白4压黑目外，黑5扳，白6长，黑7长，白8双，黑9先得角地也不错，白10拆为好位，如10拆于A位，黑B位尖将给白方造成威胁。

如图7-23-8，黑3二间夹比一间夹缓和，白4尖出头，黑5拆边。白6尖顶后8立得角上实地，黑9超大飞拆地。

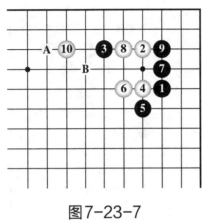

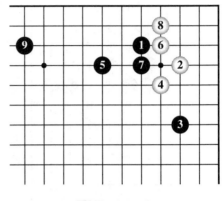

图7-23-7 图7-23-8

如图7-23-9，白2高挂，黑3小飞，白4挡，黑5退是现代下法。白6长，黑7尖是势力要点，否则白棋可于A位靠，白8拆三为好点。

如图7-23-10，黑5立是以角上实利为主的下法，并且不愿强化白棋。白6拆三本手，双方平安无事。黑7尖抬头，解消了白棋种种手段，并瞄着下一步在A位打入。

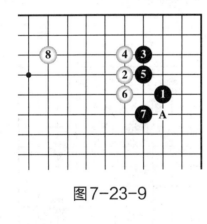

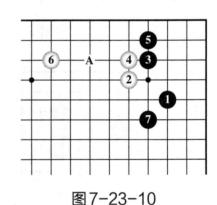

图7-23-9 图7-23-10

二、高目定式

高目定式的特点是利于取势，但角内空虚，不利于占地。

如图7-23-11，白2一间挂，在高目定式中使用最多。黑3托角是看重实地的下法，白4扳最常见。黑5退，白6虎，7拆、8飞是典型定式。

如图7-23-12，黑3外靠，白4只能在下面扳，黑5退，白6扳起为正着，黑7断的原则是"取内断外、取外断内"，白方则须吃掉断的子，所谓"断哪边，吃哪边"。白12要点，黑13尖（也可以脱先）。

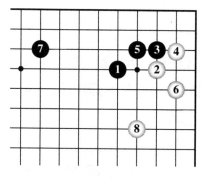

图7-23-11

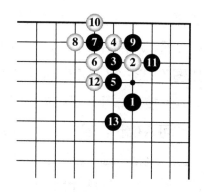

图7-23-12

如图7-23-13，黑3小飞以取势为主，变化繁多。白4托为常用之着，黑5顶，黑7断，弃子取势，黑9立多弃一子是关键。黑11为先手之利，黑13、15先手紧气，双方两分。

如图7-23-14，黑5扳，重视往边上发展，白6退为必然，黑7接后，白以脱先为好，如不放心而在A位飞，则处于低位。脱先后，黑于B位飞，白C位挡即可。

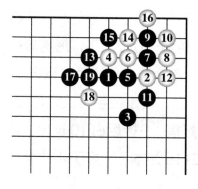

图7-23-13

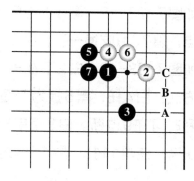

图7-23-14

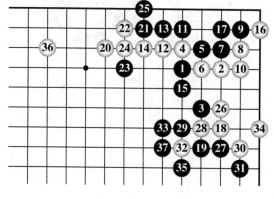

图7-23-15

如图7-23-15，黑5内扳变化极为复杂，还须征子有利。白8扳是要点，以下应对为必然。白20先攻角正确，黑25补活。白26为正着，白32断次序正确，白34补活，白36生根，黑37提一子厚实，结果黑棋稍有利。

如图7-23-16，白4跳托也须征子有利，黑5扳，白6断，激烈，黑7打，黑9退，次序井然。11征吃白6，黑棋占优，反之只能A位退，白棋好。

如图7-23-17，如白棋征子不利，黑5扳时白6虎。黑7挡，白8连扳为要点，黑9接为本手，黑11、15先手托退很大，黑13点好次序，白16接为正着，也可A位长，但白8、10头软，各有利弊。

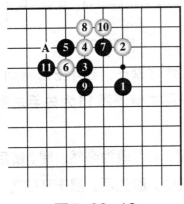

图7-23-16

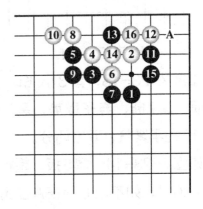

图7-23-17

如图7-23-18，黑3小飞后白4脱先也常见，黑5小飞为攻击好点，白6为好点，黑7、9吃掉一子，白6、8先手得利后于10位大飞，形成转换。

如图7-23-19，白2下在三·3的位置，不像挂角像点角。黑3小飞是常用的方法，白4托，黑5扳为普通应手。白6虎，虽是俗手，但是可行，如征子有利时可在9位断。白8空单扳不打吃，好棋，9接后白10长出。黑13点次序正确，使黑11托、黑15退先手得利。白16为本手，好于A位立。

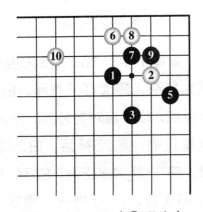

图7-23-18（④脱先）

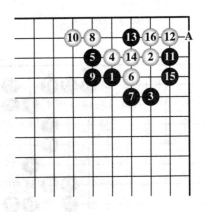

图7-23-19

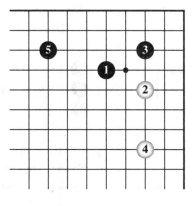

图7-23-20

如图7-23-20，白2小飞挂黑高目，只能在右边黑势力很大时才使用，黑3得角，黑5拆边，明显便宜。白2、4拆二生根，与黑1、3、5相比并不便宜。如另有所图，该当别论。

三、三·3定式

如图7-23-21，白2肩冲，用以压低黑棋，在黑两边均有子时是绝好点，如两边均为白子时则不可用。黑3长，黑5小飞，扩大角地，白6高拆二，封黑棋于低位，黑7取实地，白8继续贯彻取势用意。

如图7-23-22，黑5不飞而曲，实实在在。白6跳，黑7长后有A位冲断的手段，白8小飞补断为好手，黑9跳出。白棋可脱先，也可于B位挡。

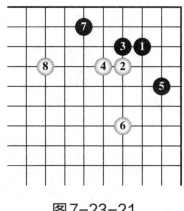

图7-23-21

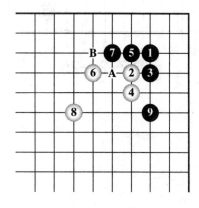

图7-23-22

如图7-23-23，黑5小飞后白6曲是好点，黑7飞起绝好，白8立二拆三为正着。与图7-23-21相比，本图白方实地增加，但黑方低位也有所改善。

如图7-23-24，白2高挂，就局部而言，有点亏，只用在特定场合，白4拆三，黑5压时白6立是好手，黑7长，白8补为无奈，黑9立三拆四，以后白棋有A至D的先手官子。

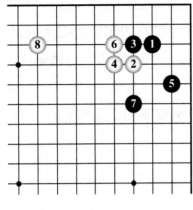

图7-23-23

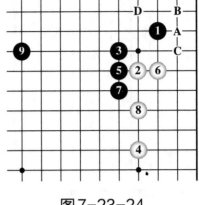

图7-23-24

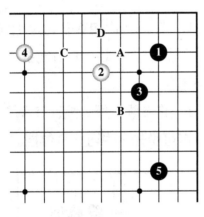

图7-23-25

如图7-23-25，白2大飞高挂，较轻灵，黑3小飞应，白4超大飞为常形，黑5超大飞拆地是惯例。以后白棋有A、B的好点，黑棋也有C、D的好点，双方大致两分。

第八章　布局基础知识

　　一盘棋下来大致分为布局、中盘、官子3个阶段。

　　布局又称开局、序盘，大致指一盘棋的前二十手左右，把棋盘上的地大致分割的过程。

　　布局是一盘棋的基础，也是最能发挥想象力的阶段。布局的优劣直接关系到以后棋局的发展，对胜负有至关重要的影响。布局的理论性强又比较抽象，高水平的布局，要凭借深厚的功力、丰富的想象、敏锐的感觉、准确的判断、严谨的逻辑、周密的计划，才能使有限的棋子展现无穷的魅力，才能使棋形尽可能完美、协调、统一。

第24课　布子的效率及围地的方法

布局的宗旨是尽快抢占地盘，占据有利位置，布局的好坏直接影响以后棋局的发展，是一盘棋开始的关键。

本课我们主要完成两个方面的内容：第一是如何理解角、边、中腹及其子力效率；第二是围地的方法。

一、角、边、中腹

俗话说"金角、银边、草肚皮"。即在布局中角的价值最大，边次之，中腹再次之。也就是说下棋时应先占角，后占边，最后向中腹发展。其道理何在呢？

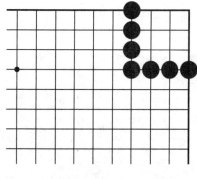

图8-24-1

如图8-24-1，7颗黑子围成的交叉点为9个，即9目。

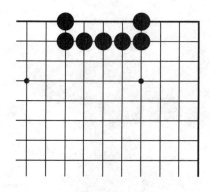

图8-24-2

如图8-24-2，7颗黑子围成的交叉点为3个，即3目。

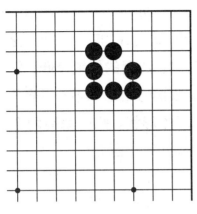

图8-24-3

如图8-24-3，7颗黑子围成的交叉点为1个，即1目。

同样7颗黑子围地，在角上可围住9目，在边上仅围住3目，在中腹只围住1目。因此，我们可以得出角上容易围空的结论，也就是说，棋下在角上效率最高，边上次之，中腹最低。

下围棋就是比哪方围的空多，故下围棋应先占角，再占边，最后走中间，正所谓"金角、银边、草肚皮"。那么角该怎么下呢？

下面简单介绍一下占角的几种方法。

1.星

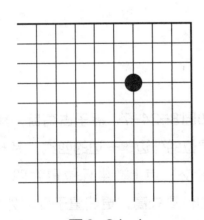

图8-24-4

如图8-24-4，黑子占星位，两边四线的交叉点上，坐标位置为四·4。星位一手棋占角，布局速度快，侧重于获取外势和攻击对方。每个角只有一个星。

2.小目

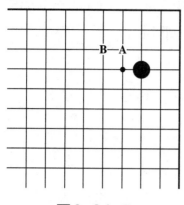

图8-24-5

如图8-24-5，黑子占小目，一边三线、另一边四线的交叉点上，坐标位置是三·4。小目的位置较低，偏重获取实地。如能于B位再下一子守角，则成为理想的形状。每个角有两个小目（图中A位也是小目）。

3.目外

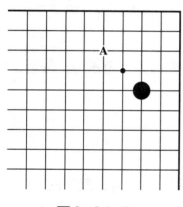

图8-24-6

如图8-24-6，黑子占目外，其位置在小目的外边，一边三线、另一边五线的交叉点上，坐标位置为三·5。目外的位置较偏，侧重向边上的发展。如能守角也能确保角上实地。每个角有两个目外（图中A位也是目外）。

4.高目

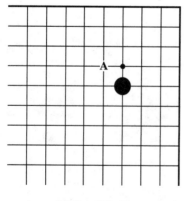

图8-24-7

如图8-24-7，黑子占高目，其位置在星位的外边，一边的四线，另一边五线的交叉点上，坐标位置为四·5。高目的位置较高，更偏重于获取外势，如能守角也可保住角上实地。每个角有两个高目（图中A位也是高目）。

5.三·3

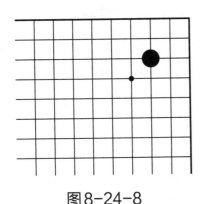

图8-24-8

如图8-24-8，黑子占三·3，其位置在两边三线的交叉点上。三·3为一手占角，布局速度快，偏重角上实地，对方很难破坏。但因位置低，发展性较差。每个角只有一个三·3。

二、围地的方法

围住的地通常被称为实地，实地的多少可决定一盘棋的胜负，所以棋手在对弈的过程中要时刻关注自己与对方所占实地的多少，进行比较，来决定下一步行动的战略与战术问题。实地又称"确定空"。

地的多少是用所围住交叉点的数量来计算的，习惯上称作"空"。计算空的单位用"目"。

1.目的计算

"目"与"子"的关系是2目等于一子。

计算方法为：①围住的交叉点，每个算1目；②提过子的交叉点，每个算2目；③空中未提的死子，每个算2目；④提过子又填上的交叉点，每个算1目。

用以上方法计算双方的空，然后进行比较，就可知在目前状态下双方实地的多少了。

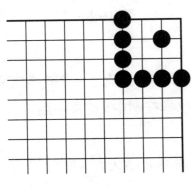

图8-24-9

如图8-24-9，黑方共围住8个交叉点，按每个1目计算，共8目棋。

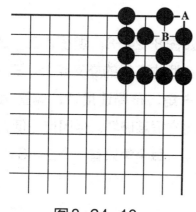

图8-24-10

如图8-24-10，A、B两点提过白子，按每个2目计算，即4目；另外还围住3个交叉点，按每个1目计算，是3目。将它们相加，黑棋总共是7目棋。

如图8-24-11，未提的白棋死子有3个，按每个2目计算，即6目；还围住3个交叉点，按每个1目计算。黑棋总共是9目棋。

如图8-24-12，黑 ⬤ 子处曾提过1个白子，后来又填上，按1目计算；××提过2个白子，即4目；还围住3个交叉点。黑方总共是8目棋。

计算目数很重要，下棋时，大家要记住什么地方提过棋子，什么地方提过棋子后来又接上了，这样计算出来的目数才准确。

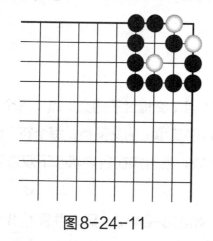

图8-24-11   图8-24-12

2.角上的空

如图8-24-13，一般情况下一个子成不了空，只有三·3能够成空。三线或二线上的子可按垂直向下围空来计算，这样按图中x位围住后，三·3之子有4目棋，以后发生变化时再另行计算。

像三·3这样即使白方对其尽量压缩、消减之后仍有4目棋的空，称作"确定空"。

如图8-24-14，小飞守角所围的空也按图中x位围住来计算，共有11目棋。以后有变化时再重新计算。

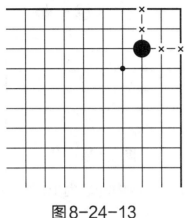

图8-24-13

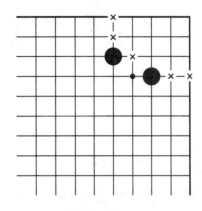

图8-24-14

如图8-24-15，大飞守角按x位围住来计算有13目。好像比小飞守角多围住2目，但大飞守角比较薄弱，也不见得有利。

如图8-24-16，单关守角因黑⬤在第四线上，所以不能按垂直向下围空来计算。一般来说，隔两线可以计算空，黑⬤子和边线隔了三线。此外，白1逼住后还有A位小飞和B位点的后续手段。

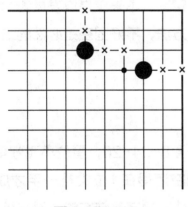

图8-24-15

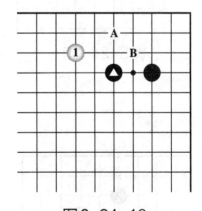

图8-24-16

如图8-24-17，白1后，黑2小飞围地，白3冲，黑4挡，白5曲，黑6接后按x垂直向下围空计算成13目。

如图8-24-18，白⬤后黑棋如脱先，白1小飞进角，黑2虎围地，白3长，黑4挡住后按照x垂直向下围空计算黑棋单关守角，已减少到7目。

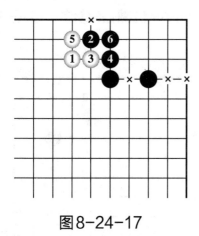

图8-24-17

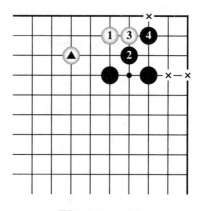

图8-24-18

由图8-24-17成13目，图8-24-18成7目，取中间值为10目。所以图8-24-21黑棋单关守角可按10目棋计算。

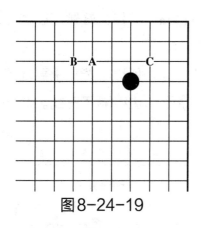

图8-24-19

如图8-24-19，星位之子位置较高，不利于占地，因白方有于C位三·3点角活棋的手段，黑棋星位之子无空可算。即使黑棋在A位或B位守角后，C位被点角活棋的弱点仍然存在，没有确定空。本来星是以发展势力为主的占角方法，不好围空是必然的结果。

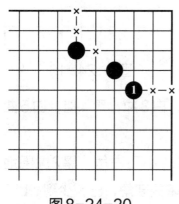

图8-24-20

如图8-24-20，星位小飞守角后，如想围空还得在1位尖补一手才成。3个子围住的角空是结实的，对方点角活棋的可能也没有了，计算可成17目棋。

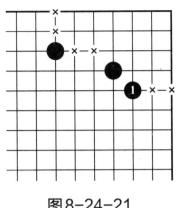

图8-24-21

如图8-24-21，星位大飞守角再于1位尖补后，按x位计算可成19目棋。虽然比小飞多围2目，但呈薄弱之形，在条件具备时，白棋仍有手段侵消或利用。

星单关守角因子力均在四线，有被对方逼住和点角的双重弱点，更不利于围住角空。

3.边上的空

如图8-24-22，黑棋拆二，有多少空呢？仍然按垂直向下的围空方法来计算。按图中x位围住后有4目棋。

如图8-24-23，黑方两个拆二连在一起，按同样方法计算，x位围住的有10目棋。

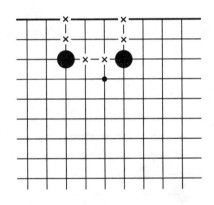

图8-24-22

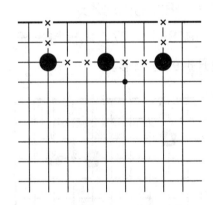

图8-24-23

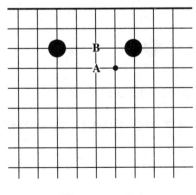

图8-24-24

如图8-24-24，黑方拆三，如果按拆二的方法计算应有6目棋。但因为隔三线，空不确定，白棋可于B位打入，黑方控制不住白方打入之子，所以不能成为确定空。如于A位再补一手才成为确定空，有6目强（≥6目）。

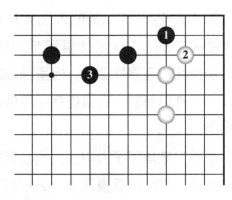

图8-24-25

如图8-24-25，黑棋在拆三的基础上，经黑1小飞进角，白2尖，黑3补棋后，黑棋围的空成为确定空，有10目强。

4.常见的围地结构

我们前面已经讲过了守角的方法：小飞守角、大飞守角、单关守角。占边的方法有"拆二"等，这里主要介绍围地的结构，也就是把自己的空围成大的形状。常见的围地结构主要有两翼张开结构和箱形结构。

如图8-24-26，黑棋以右上角单关守角为中心向两翼展开，两边的黑▲子起到了很好的围地效果。

如图8-24-27，黑棋将来在A位拆边很大，形成了以小飞守角为中心向两翼开拆的理想形。

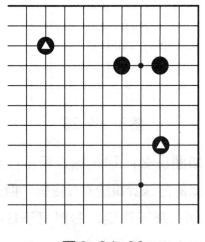

图8-24-26

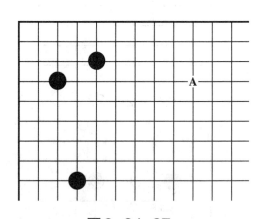

图8-24-27

如图8-24-28，黑1跳很大。这样两个黑子和角上的黑子配合很好，成为"箱形"，也就是立体空，黑棋棋形理想。

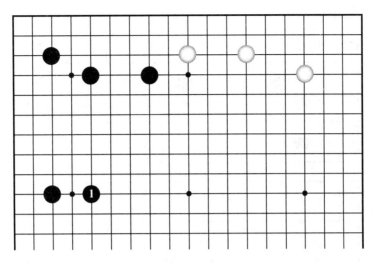

图8-24-28

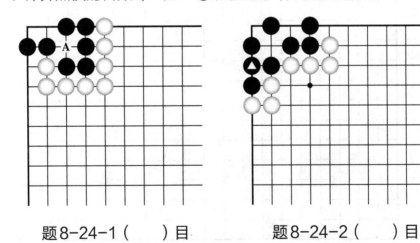

随手练

一、计算黑棋的目数（A位、⬤位提过子），填写在括号中。

题8-24-1（　　）目　　　　题8-24-2（　　）目

二、以下各题均为黑先，下在哪儿能构成理想形？请标出位置。

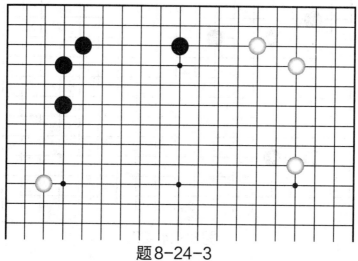

题 8-24-3

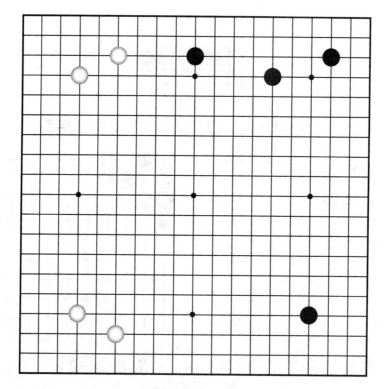

题 8-24-4

第25课　角上的简单攻防

既然大家了解了围棋的"金角、银边、草肚皮"，知道了角对整盘棋起到关键的作用，本课我们就以角为例子，进一步的探讨。

一、守角

在己方的角上，在棋子附近再下一步棋，就叫作"守角"。守角一般有三种：小飞守角、大飞守角、单关守角。

1.小飞守角

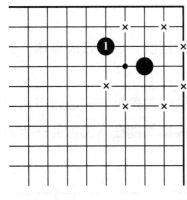

图8-25-1

如图8-25-1，黑方已有小目占角，于1位再下一子就称作"小飞守角"，又称"无忧角"，是最常用的一种非常坚固的守角方式。

请读者注意黑1是下在第三线上的小飞才能称为守角。图中x位的交叉点对小目来讲也是小飞，但不是守角。

2.大飞守角

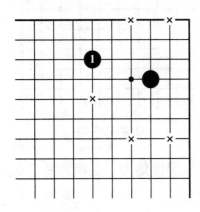

图8-25-2

如图8-25-2，黑方已有小目占角，黑1就称作"大飞守角"，大飞守角发展速度较快，但角内稍显空虚。同样，下在第三线上的黑1称作守角。图中x位的交叉点对小目来说也是大飞，但不是守角。

3.单关守角

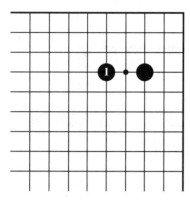

图8-25-3

如图8-25-3，黑1就称作"单关守角"，因黑1下在第四线上位置较高，在守住角地方面有所不足，但对两边和中腹的发展影响较大。

守角不仅能确保角地，而且对以后的发展有很大影响。因此占角后应尽快守角。关键是守角之子必须下在三线或四线上，才能称作守角，下在其他线上即使是小飞、大飞或单关的位置，但起不到守角的作用，达不到守角的效果，就不是守角。

如图8-25-4，黑1是星的小飞守角。比较坚固，白2如来点角，黑棋在A位挡，白棋虽然能活，但地盘很少，棋形局促。

如图8-25-5，黑1是星的大飞守角。不易保住角地，白2如点角可轻松活棋，但黑方外势也非常厚实。白棋未点角时黑棋如能在A位加补一手，将形成非常理想的形状。

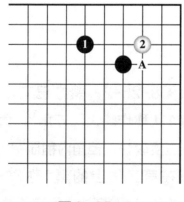

图8-25-4

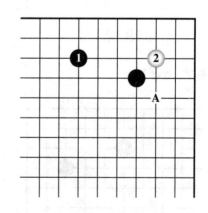

图8-25-5

如图8-25-6，黑1是星的单关守角。不易保住角地，白棋点角可轻松活棋。黑棋单关守角的目的是向两边和中腹发展。

如图8-25-7，占角时采用目外，以向边上发展为主，一般不主动守角。需守角时，如下A位则为小飞守角。也可下于四线的B位或C位守角，但这两种守角方法不以守护角地为主，而是以发展和获取强大外势为主要目的。

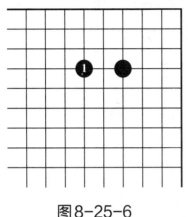

图8-25-6

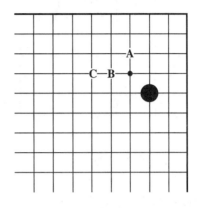

图8-25-7

如图8-25-8，采用高目占角的目的以获取外势为主，一般不主动守角。需守角时，如下A位为单关守角，下B位则以守角为辅，以发展和取势为主。

如图8-25-9，三·3为一手占角的方法。因三·3的角地坚固无比，似乎不存在守角的问题。如下A或B位也均以向两边发展为主，不是守角的概念。

守角是围地的主要方法。

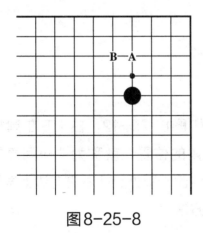

图8-25-8

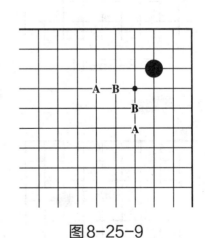

图8-25-9

二、挂角

一方占角后另一方来进攻该角，就称作"挂角"。挂角基本位置有6种：小飞挂角、大飞挂角、一间高挂、二间高挂、一间挂、二间挂。挂角除破坏占角方守角外，还有争夺角地和使棋局复杂多变的目的。

1.小飞挂

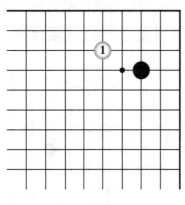

图8-25-10

如图8-25-10，白1下在黑方小飞守角的位置，就称为"小飞挂"。以争夺对方角地为目的，小飞挂是最有力的挂角方式。

2.大飞挂

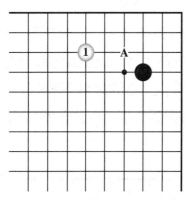

图8-25-11

如图8-25-11，白1下在黑棋大飞守角的位置，就称为"大飞挂"，是一种较从容的挂角方式，可避开黑棋严厉的前后夹击，但也给黑棋留下A位尖的好点。

3.一间高挂

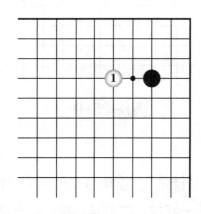

图8-25-12

如图8-25-12，白1下在黑棋单关守角的位置，就称为"一间高挂"，是一种偏于取外势或着重向边上发展的挂角方法。

4. 二间高挂

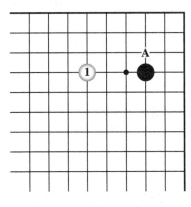

图8-25-13

如图8-25-13，白1下在与黑棋小目隔两个交叉点的第四线上，就称为"二间高挂"，是一种有弹性的挂角方式，黑棋不好前后夹击，因白棋于A位托角很有力，黑棋亦不好脱先，白1在让子棋中常见。

5. 一间挂

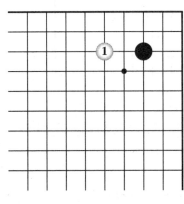

图8-25-14

如图8-25-14，白1下在与黑棋三·3隔一个交叉点的第三线上，就称作"一间挂"，是一种针对性强的挂角方式，通常在上边有白子配合时使用。否则，感觉紧了些。

6. 二间挂

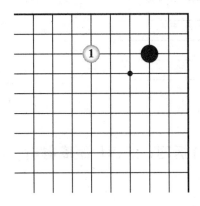

图8-25-15

如图8-25-15，白1下在与黑棋三·3隔两个交叉点的第三线上，就称为"二间挂"，是一种限制黑棋往边上发展的挂角方式。

以上以小目为例介绍了6种挂角的基本方法。挂角之子也必须下在三线或四线上，否则不是挂角。挂角之子与守角之子往往下的是同一位置，即"敌之要点，我之要点"，也就是说黑白双方为不同的目的去争夺同一个点。

三、拆地

用拆的方法占地就称为"拆地"。拆地的原则如下。

1.疏密适当

在布局阶段，棋子要散开，配置要适当。

如图8-25-16，黑▲子没有空，黑1拆二，好棋！原则是一子拆二。

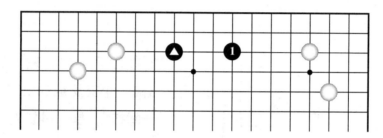

图8-25-16

如图8-25-17，黑棋两子没有空，黑1拆三，好棋！远近得当，称为"立二拆三"。

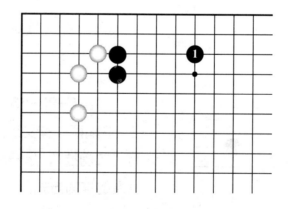

图8-25-17

如图8-25-18，黑棋三子没有空，黑1拆四，好棋！距离得当，称为"立三拆四"。

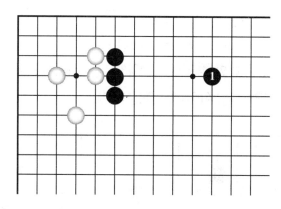

图8-25-18

根据已有棋子的能力，拉开控制的距离去拆，就是疏密适当。棋强拆得远些，棋弱拆得近些。

在附近没有对方棋子时，不要把棋子下得团在一起（如图8-25-19）；也不要下成一个挨一个的（如图8-25-20）。这样既不利于占地，也不利于做眼，更造成子力浪费，成为愚形。如此的下法必然导致效率低下。

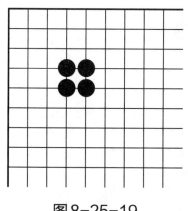

图8-25-19

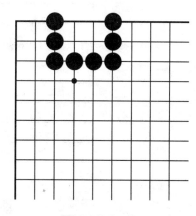

图8-25-20

2.高低配合

拆边时总要在第三线或第四线上下子。

三线为低，又称"实地线"，容易占取实地，但以后的发展有限，不利于控制中腹和争取全局的主动。

四线为高，又称"势力线"，容易增强外势，但不利于占地与建立根据地。

因此在布局阶段还要注意高低配合，才能尽可能发挥子力的作用，争取全局的主动。

如图8-25-21，黑1小飞挂，白2单关应，黑3高拆与右上小飞守角互相呼应，构成理想的形状。如黑3在A位拆二，则效果不好，黑1、黑A、小飞守角中黑▲子，三子同处第三线，不符合高低配合的要求，造成子力重复，并且还给白方留下在3位肩冲压缩黑空的好点。

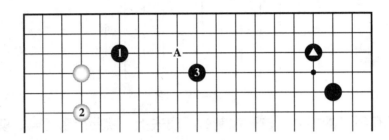

图8-25-21

如图8-25-22，黑棋两边的棋子都在三线，黑1小飞，好棋！一般情况下，围空两边低，中间高，形状优美。

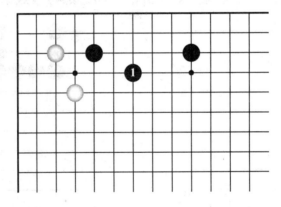

图8-25-22

随手练

一、把棋图中的黑⬤子或白⬤子守角或挂角的名字填写在括号中。

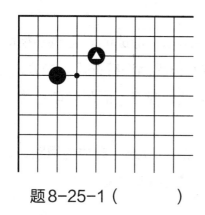

题8-25-1（　　　　）

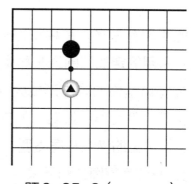

题8-25-2（　　　　）

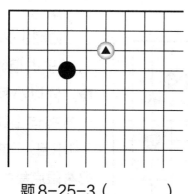

题8-25-3（　　　　）

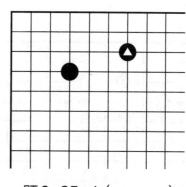

题8-25-4（　　　　）

二、以下各题均为黑先，请标出黑棋下在哪最好。

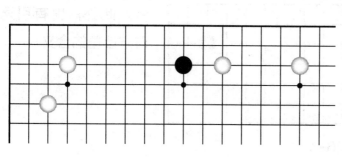

题8-25-5

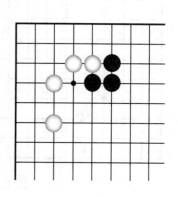

题8-25-6

第26课　几种常见布局

布局的类型有很多，每种布局形状不同，所形成的思路也不相同，因此每种布局所采用的定式要围绕布局类型的整体思路进行选择。如攻击型布局，它们的整体特点是借助攻击形成大模样，然后成空；而防守型布局，往往喜欢先捞取实地，然后再破掉对方的空。

下面结合常见的集中布局类型，向大家进行介绍（布局的思路、定式的选择等），请大家注意不同布局所采用不同定式的内在含义。

一、相小目

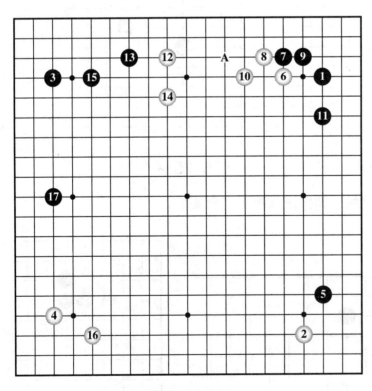

图8-26-1

如图8-26-1，黑1、3子占相邻的两个角，同以小目的四线一方指向白棋，称为"相小目"。其特点是把着眼点集中在一方。白方挂角时，黑棋夹攻后能与另一角的小目形成效率较高的配合。此外，也有引诱对方挂角的含义。

图中黑1、3与白2、4各自以小目占角，黑5小飞挂，白棋不应而于6位一间高挂，是抢先的着法，称为"互挂"。黑7至白12为定式，黑13拆兼逼得大场，并瞄着A位打入。白14跳补，黑15补角，白16小飞守角，黑17拆大场。双方平稳。

二、错小目

如图8-26-2，黑1、3下不同方向的小目，称为"错小目"，黑5小飞守角是常用之着，黑7至白12是定式。黑21拆兼逼紧白棋，白22跳补并向中腹发展。黑23对三·3占角之子一间挂，黑25、27先手压扳，黑29拆兼攻，白30、32向中腹逃出。黑33拦，白34为形势要点，黑35吊压缩白空，兼消白势。

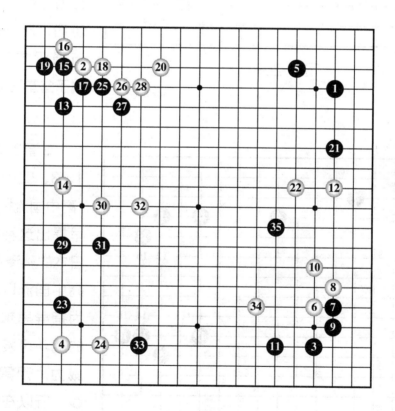

图8-26-2

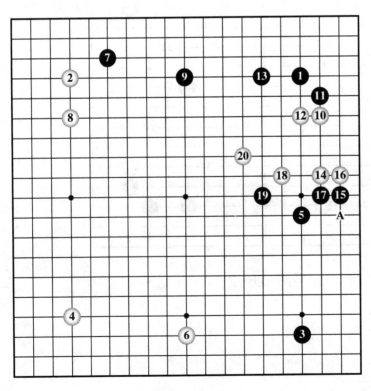

图 8-26-3

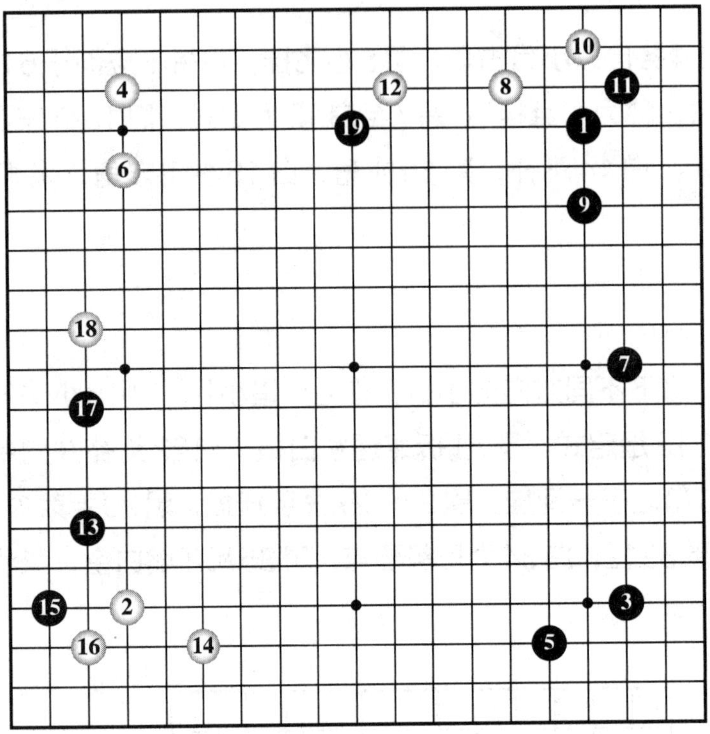

三、星小目

如图8-26-3，黑1、3用星和小目占相邻两角，称为"星小目"。黑5小飞守角是常用的方法，白6单关守角稳健，一般于右边分投者居多。黑7拆大场，白8至12为定式。黑13至17亦为定势，白18拆兼拦为好点。黑19肩冲浅消，压缩白地。本布局双方多为本手，属于堂堂正正的布局。

如图8-26-4，黑1、3、5三手棋构成"高中国流"布局。最早提出这种思路的是日本的藤泽秀行九段。高中国流以注重外势为指导思想，对中腹的战斗可发挥巨大的威力。因黑3位于四线，所以在边上围空的效果较差。白2、4占星位比较常见，白6拆大场，破坏黑方两翼展开。黑7、9挂

图 8-26-4

角后高拆，在上边两翼展开。白10于宽阔的一边挂角是常识，黑11、13先尖顶后跳是常用的攻击方法。白14拆二生根，黑15飞为严厉的着数，阻止白棋于A位小飞获得安定。白16至20为攻防中常见的形状。

如图8-26-5，黑1、3、5三手棋构成"低中国流"布局。在1965年中日围棋交流首场比赛中被采用。黑5不守角而占边星下偏小目一路的位置是其特点。对方如在小目方向挂角，则将遭猛烈攻击。对方如惧受攻而不挂，则黑棋守角后可形成模样之势。几年后，中国流布局广为流行。白6小飞挂后至白10为定式。黑11挂后13高拆，呈两翼展开之势。白14一间高挂，缓和黑棋的攻势。黑15小飞与13呼应，至白20为定式。黑21跳为好点，一边瞄准白棋，一边张势，体现中国流布局的有力结构和积极策略。

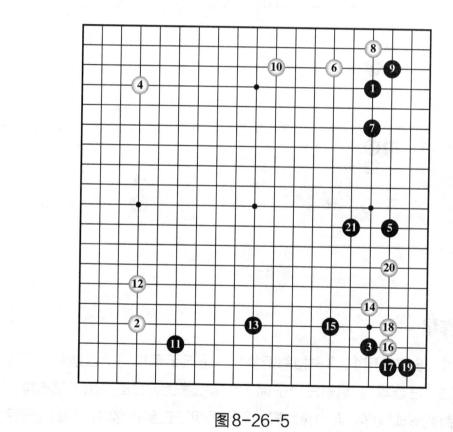

图8-26-5

四、二连星

如图8-26-6，黑1、3下在相邻两角的星位上的布局方法，称为"二连星"。星是一手占角，重点取势，二连星可构成以取势为主的快速布局。白2、

4用相小目占角应对黑棋二连星，黑5至17是常用手法，形成左右同行的结果。黑17两面拆，一子两用。白18为分投好点，是必然的大场。黑19拦，白20拆二生根，黑21尖，不愿白棋在A位大飞进角，白22逼，破坏黑方拆地而且对黑角构成威胁。黑23尖补，白24、26高低配合，黑25"玉柱"得角上实地。

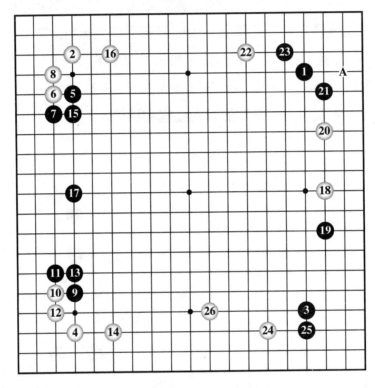

图8-26-6

五、三连星

　　如图8-26-7，黑1、3占相邻两星后，第五手黑棋马上占据两星间边上的星，即成"三连星"。黑棋三个子都下在第四线上，目的当然不是占角，而是意在取势或形成模样，向中腹发展。所以采用三连星布局时，不能过分捞取实地，否则自相矛盾。白2、4均占三·3，准备以实地来抗衡外势。白6至黑13定式，黑15肩冲，在压低三·3白棋后转黑19单关守角。白20大场，并攻黑棋二子。黑21至白30黑方吃白24之子获安定，白方借攻击之力获取实地，黑31夹攻白20是积极的走法，自此进入中盘。

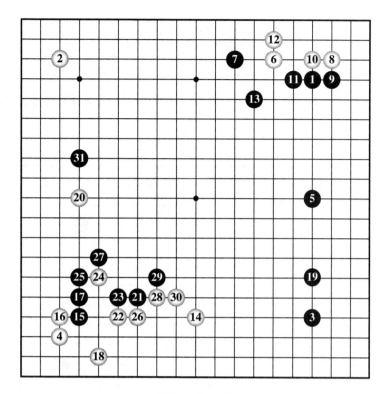

图8-26-7

六、其他

在平行型布局中，除以上介绍的五种常用形之外，尚有多种组合的布局，比如目外、高目、三·3等，目外、高目的布局具有变化莫测、意味深长、着法华丽的特点。这些布局的使用频率没有星、小目布局高，故本书不做详解。

随手练

题8-26-1，低中国流布局中黑棋下一步应采取什么定式对己方有利？

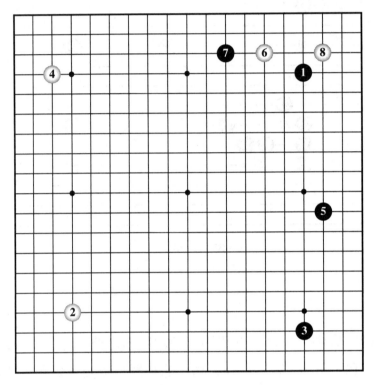

题8-26-1

第九章　中局基础知识

　　中局，也就是大家通常所说的中盘，是围棋当中最复杂的阶段，不同的棋手有自己的认识和见地，因此也出现了诸如实战派、求道派等的说法。本章将结合实际棋形，向大家介绍大模样、围地与打入。

第27课 大模样、围地与打入

一、大模样

大模样是喜欢外势的选手经常采用的行棋方式，在对局中出有意走出大模样是有一定难度，同时又是十分有乐趣的下法。模样做得大，气势磅礴，颇有气吞山河之感，它能够反映出棋手面对对手时心理的基本状态。

大模样不能拘泥于一点一地的得失，要着眼于大局。

我们首先看图9-27-1A做出的大模样。黑棋应该怎样根据棋的实际情况选择下一手呢？

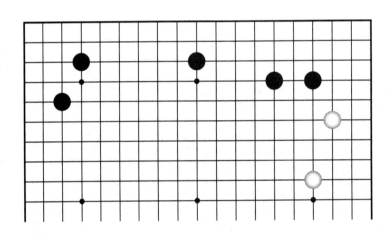

图9-27-1A

如图9-27-1B，黑1跳起后，整块黑棋变得很生动，立体感很强，而且白棋再想打入也就变得很困难了。

为了更好地分析黑1位跳起的重要性，我们假设白棋抢到1位，用"镇"（一方棋子下在另一方棋子向中腹跳起的位置）之后所产生的实战效果，见图9-27-1C。

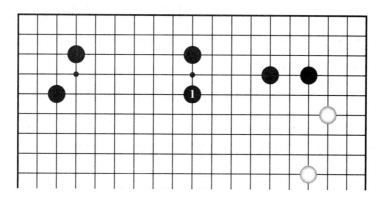

图9-27-1B

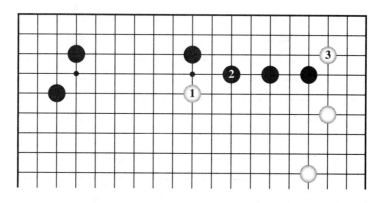

图9-27-1C

白1镇，黑2位飞，白3点角，好棋。白1镇，先将黑棋棋形压扁，然后再掏角，局面显然对白棋有利。如果黑棋飞向左边的话，请大家看另外一个变化（图9-27-1D），仍然是白棋有利。

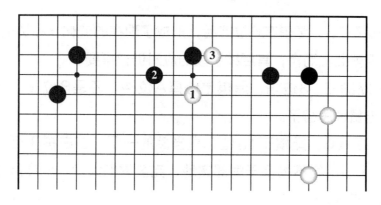

图9-27-1D

白1镇，黑2飞，白3靠，边上的黑空被破，白棋有利。通过以上的分析，黑棋应该抓住机会使自己的棋形成大模样，有利于棋局向己方发展的着法。大家可以在实战中进行尝试。

下面以三连星布局为例，探讨大模样的行棋思路及形成过程。

如图9-27-2A，对于白棋右上角白1、3挂角后白5在右下角点三·3，黑棋理所当然把它挡住，这样就构建了超级大模样的雏形。

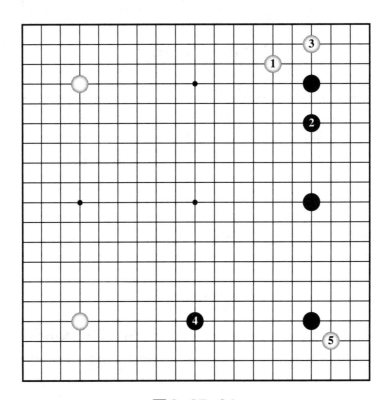

图9-27-2A

如图9-27-2B，黑棋在6位挡后，形成了现在的变化，右边的模样甚大，黑棋满意。但就此图而言，其后续手段的应对仍很重要。

面对白17的三·3进角，黑棋是选择A位挡，还是B位飞，就要考验对局者行棋的连贯性思维了。

如图9-27-2C，黑棋于18位飞是当然的一手，在白棋飞后，黑棋选择在20位飞，黑棋始终不拘泥于角部实地，完全贯彻大模样的作战思路，全力经营自己的大模样。

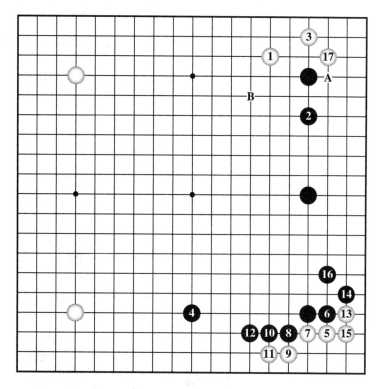

图9-27-2B

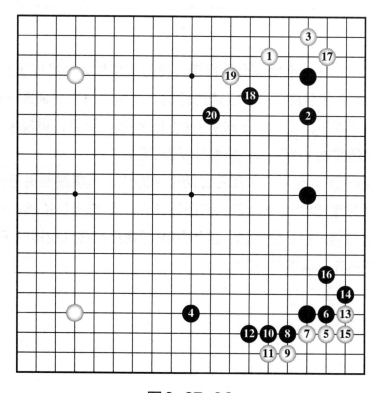

图9-27-2C

如图9-27-2D，对棋局进行到这种场景时，白棋在左边抢占星位大场，黑棋是在A位挡下，得到实地，还是在C位抢占形成大模样的关键点呢？

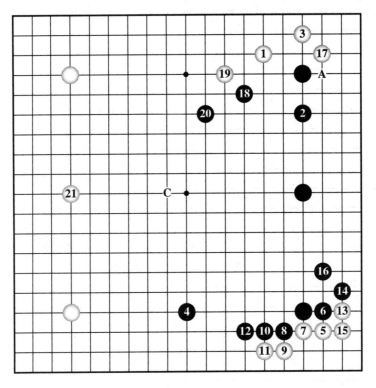

图9-27-2D

黑棋应毫不犹豫地选择在C位行棋，使得黑棋整体上形成了超级大模样。下一步，白棋有右上角的大飞和左边的挂角，使黑棋再次面临选择。请大家看看武宫流（日本现役棋手武宫正树所引领的一种围棋流派，重视中腹势力，宏观性强，轻边角实地）的下法，如图9-27-2E。

如图9-27-2F，面对D位和E位两个绝好点，黑棋需要进行深一步的思考了。如果对局者继续贯穿自己的行棋思路，则会选择D位跳，其实道理很简单，如果这时再选择E位的话，还不如当初就贯彻在A位挡的下法。当然，那也就形成了另外一盘棋了。

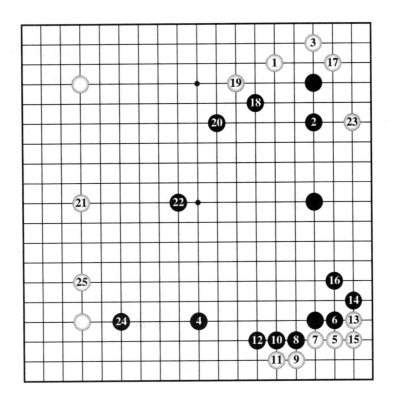

图9-27-2E

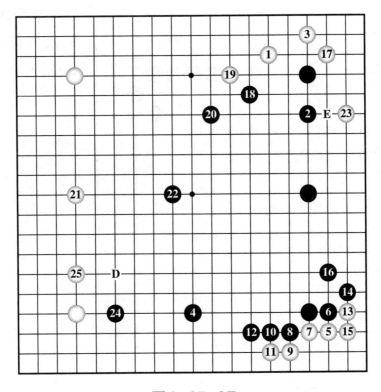

图9-27-2F

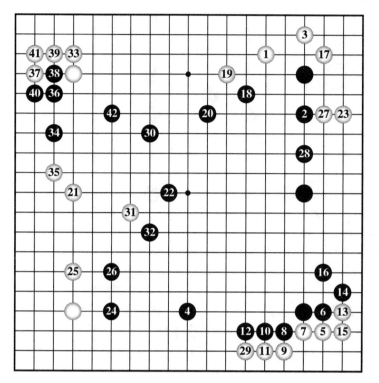

如图9-27-2G
为黑棋贯彻大模样作
战思想的后续手段，
使自己很快在右上方
和右下角加下边形成
实地和大模样，供大
家参考。

图9-27-2G

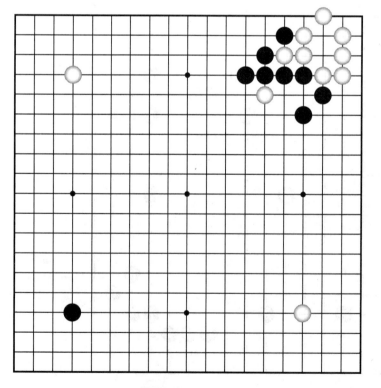

关于大模样应用
的例子有很多，如图
9-27-3A。

图9-27-3A

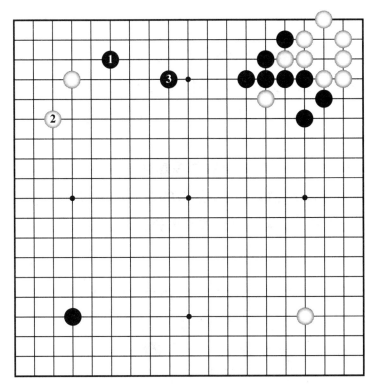

图 9-27-3B

黑棋下一步应在左上角还是右下角动手呢？当然应该在左上角动手，如图9-27-3B中的变化，黑棋的厚势得以充分发挥。

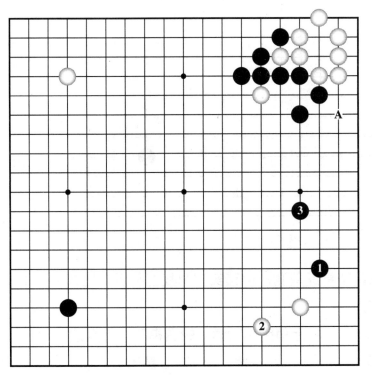

图 9-27-3C

反之则出现图9-27-3C的结果，黑3飞回后，将来白棋有A位的跳入，黑棋不能形成实空。

二、围地与打入

围地在前面章节已经介绍过，本部分主要以打入为主进行介绍。一般来说，打入的原因是自己觉得棋局对己方不太有利，希望将盘面局势复杂化，反之围围实空简化局面赢下来就可以了。对于打入，是需要有准备的，也就是通常所说的要进行策划。

分析图9-27-4，这是白棋星小目对黑棋二连星的布局，右上角白棋小飞挂，左上角白棋小目，黑棋小飞挂，白棋采取的应对办法是二间高夹，对此黑棋先大跳，然后在上边打入，至黑7，双方展开战斗，主动权落在黑棋手中。

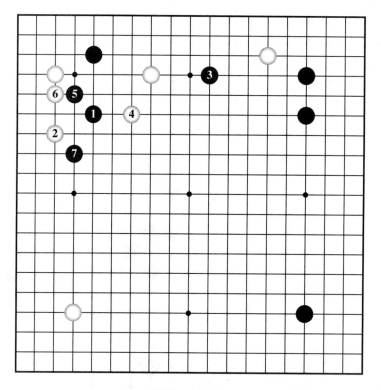

图9-27-4

打入对初学者来说有些高深莫测，但其实它离我们很近，比如图9-27-5A，这种属于急所的打入。

现在上边黑棋阵容庞大，右上角比较空虚，轮白棋下，怎么选点呢？

如图9-27-5B，黑棋右上角比较空虚，点三·3是当务之急，这里的点角其实就是打入。

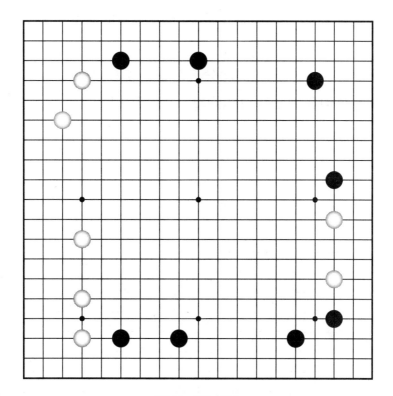

图9-27-5A

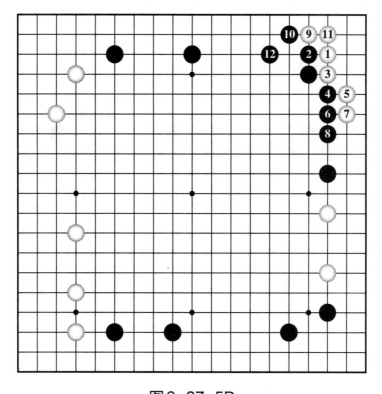

图9-27-5B

打入的种类还有很多，它是根据这步棋的目的来划分的，最主要的是破空。

如图9-27-6A，从棋局的局面分析来看，双方似乎成持久战的态势，黑棋如何寻求突破是现在需要解决的问题，观察和判断之后右上方成为打入的目标。

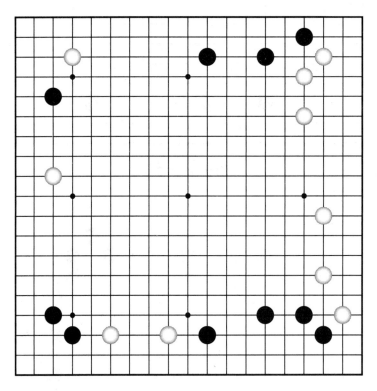

图9-27-6A

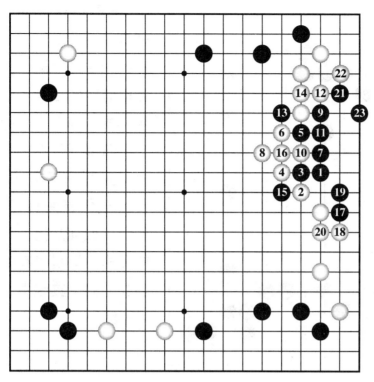

图9-27-6B

如图9-27-6B，黑1在右上方打入，寻求突破，这是黑棋"破坏"棋局平衡的一手。至黑23，黑棋在白棋的大模样中成功活出一块，从实地的对比上已经占据优势，棋局向着黑棋优势的方向发展。

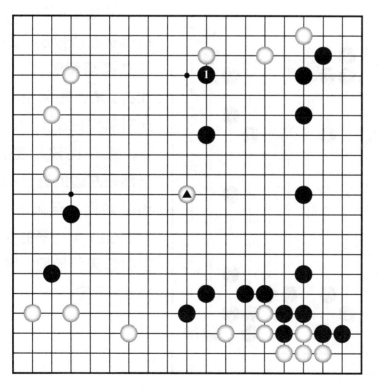

图9-27-7A

再如图9-27-7A。此图是黑棋发挥大模样最终围地的例图。图中白棋想通过天元▲子渗透到黑棋阵营中，黑1碰，是绝对的妙着。

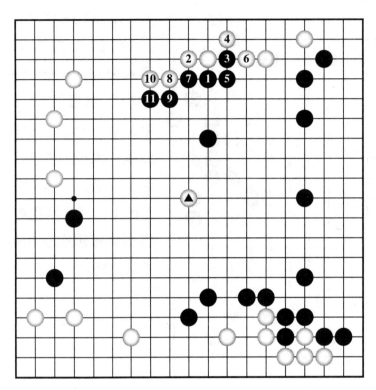

图9-27-7B

此时如果白棋围空则成为图9-27-7B的形状。白棋拼命围空，黑棋借势将白▲一子与外界的沟通完全断开，白棋一子孤立无援，只有束手就擒，棋局当然是黑棋好。而白棋如果从另一方向反击，黑棋仍有恰当的应对，其结果大同小异。

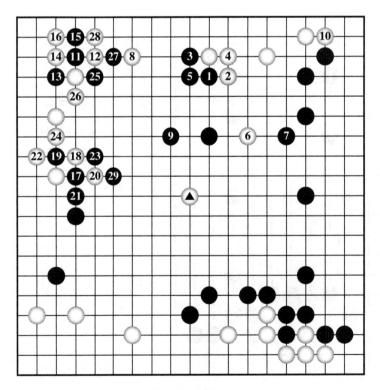

图9-27-7C

如图9-27-7C。白棋从右边扳起，经过交换至黑9，白棋在右上角长确保活棋，此时黑棋在左上角动手，意在构建厚势。当然在左边的碰目的也是如此，至黑29，黑棋在白▲一子的周围布起天罗地网，黑棋胜势已定。

随手练

题9-27-1，白先，怎么下能够扩张自己，压缩对方呢？

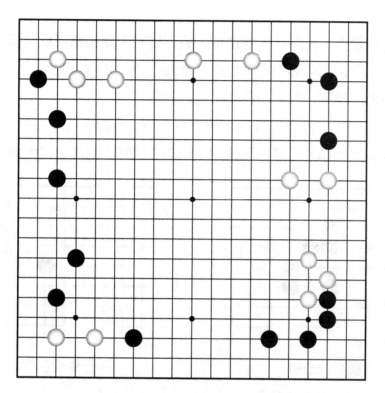

题 9-27-1

第28课　棋形的薄厚与对攻

　　下棋如同跳舞，需要一定的造型，只不过前者是由棋子表示而已，好的棋形令人赏心悦目，而坏形则令人郁闷。本课以棋形为重点进行介绍。

　　说到棋形的薄厚，先看一看棋形的好与坏。

　　如图9-28-1，黑棋子与子之间配合严谨，协调一致，子力作用充分发挥，这样的棋形就称为好形。而像图9-28-2这样的白棋就成为坏形了。

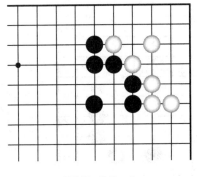

图9-28-1

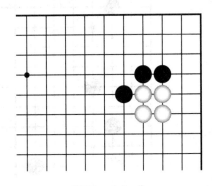

图9-28-2

　　图9-28-2中，白棋子力凝重，效率极差，大家在日常的行棋中应尽量规避。

　　那么究竟有哪些的图形是坏形呢？一般来说，将需要规避的坏形分成愚形、裂形和重复3种，也就是图9-28-3至图9-28-5的形状。

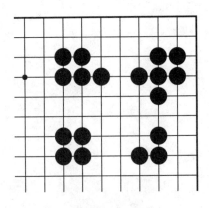

　　如图9-28-3，黑棋分别走成曲三、方四、刀五和花六的形状，这样的子力堆积在一起，其效率极差，这样的棋形称为"愚形"。

图9-28-3

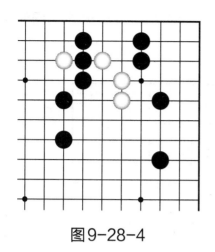

图9-28-4

如图9-28-4，白棋被黑棋分断成两个部分，两块白棋性命堪忧，这样的棋形称为"裂形"。

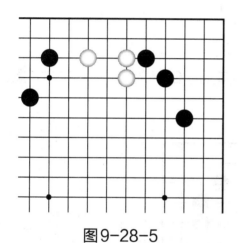

图9-28-5

如图9-28-5，白棋立二拆一，子力效率低，围空也少，这样的棋形称为"重复形"。

分析了以上3种坏形，那么什么样的形状是好形呢？一般来说分为厚实型、严紧型、轻灵型和协调型四种，依次为图9-28-6至图9-28-9所示。

如图9-28-6，棋盘右上角，白棋获得实地，黑棋获得外势，形状很厚。

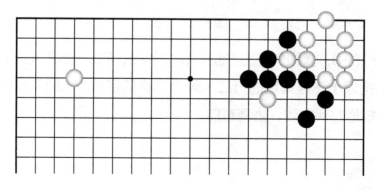

图9-28-6

如图9-28-7，虽说两边的白棋将黑棋夹在中间，但黑棋的结构非常严紧，一时间白棋对黑棋也无可奈何。

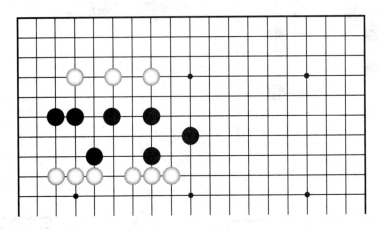

图9-28-7

如图9-28-8，白棋子力有限，好像很单薄，但不畏惧黑棋的攻击，黑棋一时也不能将其断开。

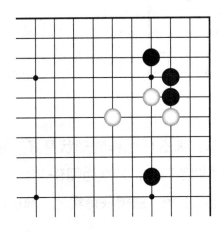

图9-28-8

如图9-28-9，黑棋的子力分别处在二、三、四、五线，在右上角的定式行棋时没有拘泥小飞挂角后的拆二（因为那样的话就有3颗子堆在三线），而继续小飞，棋形起伏有致，协调有序。

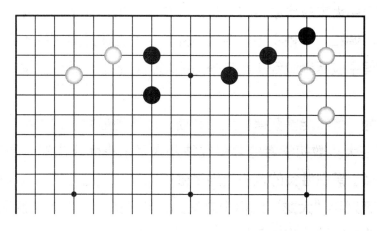

图9-28-9

了解了棋的好坏棋形，大家在日常下棋的时候加以应用就会使自己的棋具有弹性，下出的棋子力效率发挥得更好，从而达到棋力综合水平提高的目的。

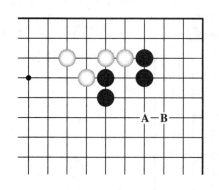

图9-28-10A

图9-28-10A的棋形，白棋的棋形已相当完整，此时的黑棋就该依据周边的具体情况，在图中A或B的位置进行补棋，否则立刻会遭到白棋的猛烈攻击，棋处境十分尴尬。

如图9-28-10B，白1冲，白3断，黑棋若在4位打吃，至白7，黑棋中腹三子危险；或是如图9-28-10C的结果，角上的黑棋二子处境危险。

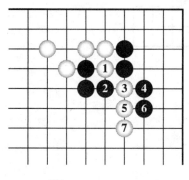

图9-28-10B

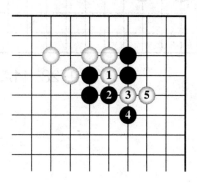

图9-28-10C

日常对局中大家应尽量将棋形走好、走厚。虽然在下棋过程中，实地与厚势的矛盾不可调和，依赖实地将会丢掉外势，而强调外势则捞不到实地，但大家在下棋过程中应尽量做到实地与外势的均衡。下面介绍依据棋的厚势进行的攻击。

攻击是为了最终能够获得棋盘的利益，以达到最后获得胜利，赢下一盘棋的目的。而在大多数初学者的眼里往往是为了杀棋而攻击的，是为了愉悦自己，强调心情。黑白胜负的攻击是为了最终的胜利而进行的，高手的对局中真正能做到杀死对手"大龙"的棋少之又少，他们的攻击总体上说有3种方式：攻击围地、攻击破地、攻击歼敌。

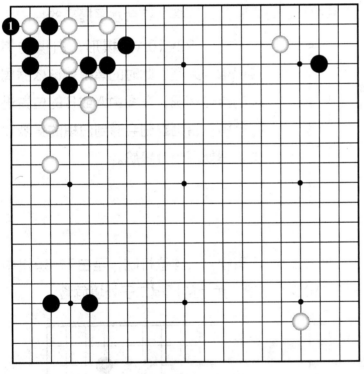

图9-28-11A

实战中的攻击往往是相互的，也就是我们通常所说的对攻。如图9-28-11A。

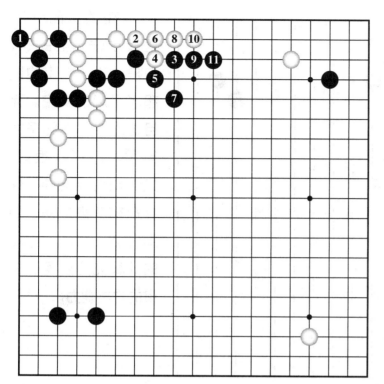

图9-28-11B

这是吴清源先生执白的一盘对局。左上角黑1打吃，使得整块白棋不活，黑棋期望的结果是白棋顺着2位爬出，如图9-28-11B。

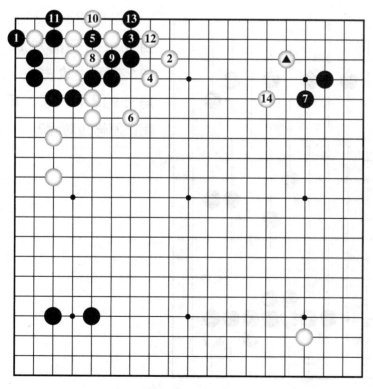

图9-28-11C

黑棋为白棋设计的路线至黑11，白棋爬活后黑棋获得利巨大的利益，攻击中获得外势的同时，已经伺机攻击右上白▲子，白棋不能接受该结果，实战中的结果如何呢？如图9-28-11C。

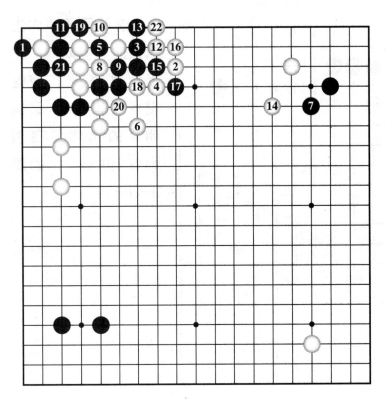

图9-28-11D

白棋在外面动手，直接攻击，至白14，白棋借攻击在上边围起了可观的实空。而且这之中白棋的子力寥寥，可形状很好，如果黑棋盲目动手，则会招来杀身之祸。如图9-28-11D。精准的计算充分展现了白棋的攻击能力。

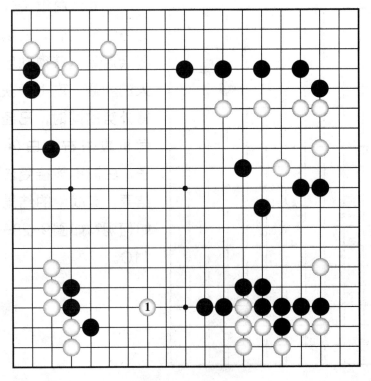

图9-28-12A

图9-28-12A选自业余高手的对局。白1在下边攻击左下角外的3个黑子，黑棋该怎样应对呢？

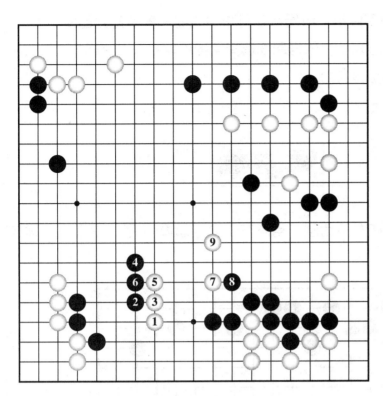

图9-28-12B

白棋希望黑棋能下成图9-28-12B的棋形，如果棋局真是这样进行的，则只能说明黑棋与白棋的实力相差甚远了，对局中黑棋似乎是在攻击白棋，可实际的结果却是黑棋引狼入室，严重损伤了黑棋右边的空。

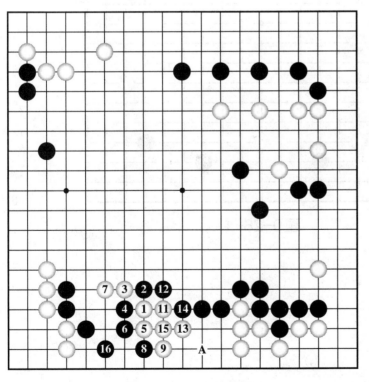

图9-28-12C ⑮=❿

实战结果如图9-28-12C，黑棋与白棋展开对攻，一方面，右边的黑棋实空得到进一步扩大；另一方面，棋局进行到黑16，黑棋求活，此时白棋两难，如攻击黑棋则自身的毛病也非常突出——黑棋于A位跳下非常严厉，其后果不言而喻，还是应该主动连回，"攻彼顾我"。

双方对攻的例子举不胜举，对局者在行棋中先要思考清楚自己要做什么，要达到什么样的目的，进攻前，依据局面选择何种进攻方法。这样才会在日积月累中不断提升自己的综合实力。

题9-28-1，黑棋在左下角碰，用意在于安定黑 ▲ 一子，白棋应怎样应对呢？

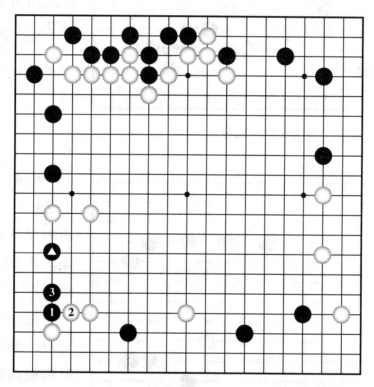

题9-28-1

第十章 官子

收官就好像"打扫战场"，是下围棋的最后阶段。本章详细介绍了官子的种类、官子的大小和常见的收官方法。请大家仔细阅读，将官子分类，记住常见官子的大小，掌握收官的基本规律。

第29课 官子大小的计算

一般来说，官子是专指围棋棋局中盘阶段以后的部分，那时黑白双方的中盘战斗基本结束，大局基本确定，到了局部的细微阶段了。对局中，官子阶段的细棋局面非常容易出现悲喜两重天的现象。原本稍微领先的棋会因官子不慎会痛失好局，而盘面落后，如能巧妙地收官也可使得乾坤扭转。两种结果都说明官子在围棋中是非常重要的一个环节。

首先，我们以图例为据，对官子有个感性的认识。

如图 10-29-1A，黑 1 接，使得 8 颗黑子围成了 1 个交叉点，因此黑 1 得到的目数为 1 目，也就是通常所说的占了 1 目的官子。

如图 10-29-1B，白 1 虽然没有自己围成 1 目棋，但它破坏了黑棋可能围成的 1 目棋，因此白棋的价值也是 1 目棋。

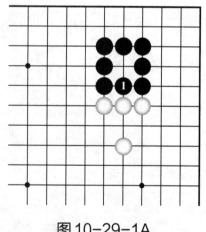

图 10-29-1A

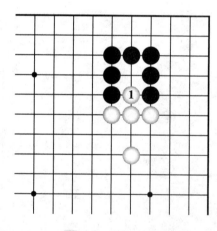

图 10-29-1B

在围棋中吃掉对方的子，价值就要翻倍了，也就是吃掉一子的价值是 2 目，提二子是 4 目……以此类推。如图 10-29-2，黑棋吃掉一子的价值是 2 目。

除此之外还有 3 目、3 目以上的官子等。如图 10-29-3，这是 11 目（5×2+1 = 11）的官子。

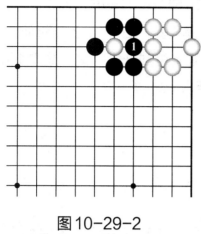

图 10-29-2

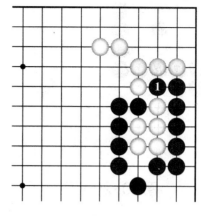

图 10-29-3

围棋官子的计算主要有两种方法：一是出入计算法，二是折半计算法。其中第一种最为常用，出入计算法分为单方目数增减、双方目数增减两种方式，在此我们以单方目数的增减为例进行介绍。

围棋是以占领地域的多少判定一盘棋的输赢的，中国规则规定，将黑棋围成的实地与子数相加，如果结果大于 $184\frac{1}{4}$ 则胜，小于 $184\frac{1}{4}$ 则负。对于初学者来说，数子容易，一目了然，而围地特别是吃子就有一定难度了。

为了更好地利于大家掌握的官子的基本知识，我们将官子分成先手和后手来加以区分。

一、先手官子

先手官子又分为双方先手和单方先手。

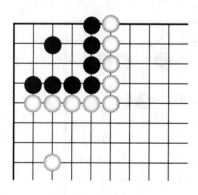

图 10-29-4A

如图 10-29-4A，双方任何一方先扳，都是先手官子。

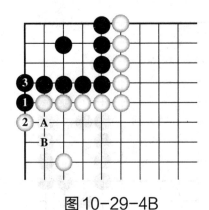

图10-29-4B

如图10-29-4B，黑1扳，白2打吃，黑3接，由于A位有断吃，白棋必须在A位或B位补棋，故黑1扳称为"先手"。

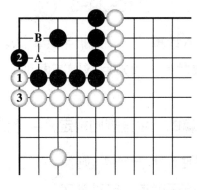

图10-29-4C

如图10-29-4C，若白1扳，黑2打吃，白3接，黑棋也需要在在A位或B位补棋，否则，被白棋在A位断吃，黑棋损失惨重，故白1扳也称为"先手"。

这样的官子，在收官阶段一定要先走。类似的例子还有图10-29-5A和图10-29-6A，都是双方先手官子。

图10-29-5A中的A点是双方争夺的关键点，任何一方抢到该点，都是先手。以黑棋为例，则成为图10-29-5B。

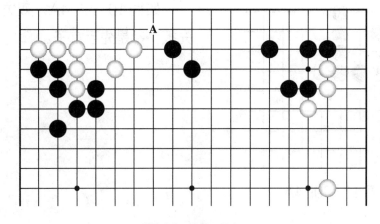

图10-29-5A

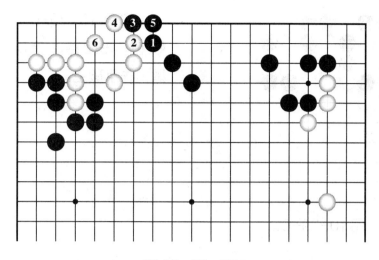

图 10-29-5B

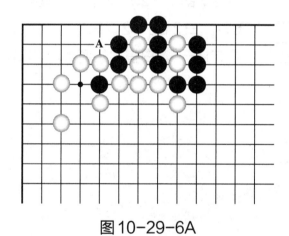

图 10-29-6A

如图 10-29-6A，A位的官子该怎么收呢？

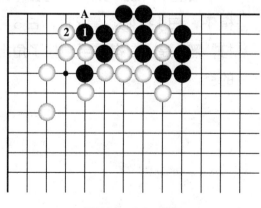

图 10-29-6B

如图 10-29-6B，黑1拐，白2挡，由于白棋有A位吃接不归的手段，黑棋要补棋，故黑1是"假先手"，坏棋！

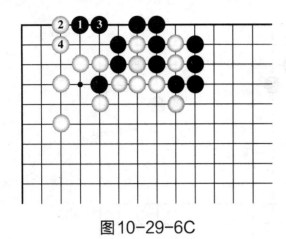

图 10-29-6C

如图10-29-6C，黑1小飞，好棋！白2挡，黑3退，白4退，黑棋先手破空。

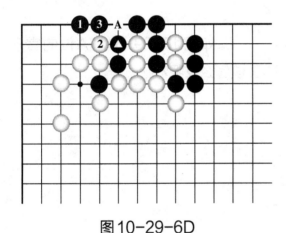

图 10-29-6D

如图10-29-6D，当黑1小飞时，白2若打吃，黑3退，做成"提二还一"，白棋损失更大。

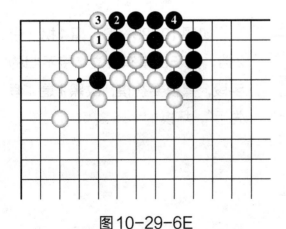

图 10-29-6E

如图10-29-6E，此图若轮白棋下，白1打吃，黑2接，白3再打，黑4提，白棋先手围住了角上的空。

故此棋形 A 位的官子是双方先手官子。

另外，有些官子则是单方先手。

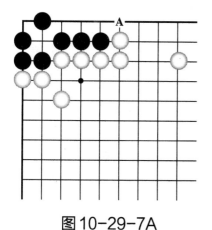

图 10-29-7A

如图 10-29-7A，A位的官子就是单方先手官子。

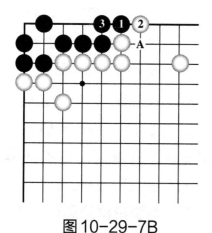

图 10-29-7B

如图 10-29-7B，黑1扳，白2打吃，黑3接，白棋需要补棋，否则黑棋在A位断吃，白空被破。

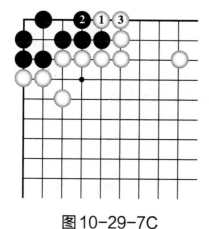

图 10-29-7C

如图 10-29-7C，反过来，白1扳，黑2打吃，白3接，黑棋不需要补棋，白棋后手。

图 10-29-7A中黑棋如果在A位扳接是先手，而白棋扳接是后手，这样的官子称为"单方先手官子"。

二、后手官子

后手官子也分为双方后手和单方后手。

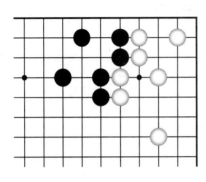

图10-29-8

如图10-29-8，双方不管谁走，在一路上扳粘都是后手。

官子在实战中的应用是很复杂的研究课题，但其前提还是建立在目数的计算。围地的数目以围成的交叉点进行计算。吃子后全都成为实地，每个交叉点按2目计算，如果吃子后需要己方进行连接，则该交叉点按1目计算。

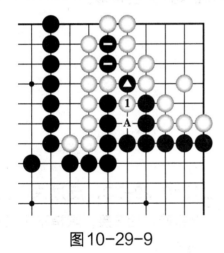

图10-29-9

如图10-29-9，白棋曾经吃掉黑⊖二子，而后白1提掉黑▲子，将来黑棋在A位打吃后，白棋还需接上，其价值是1目，最后加上围成的15目，这样整块白棋的总目数应为：4+1+15=20（目）。

以上种种都是一般的例子，官子中还有非常特殊的例子，在一手棋之后，它还会带来第二或第三利益。

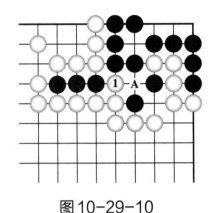

图 10-29-10

如图 10-29-10，白 1 提掉黑棋三子，这是白棋的第一利益，此时如果黑棋脱先，则白棋可以在 A 位断掉黑棋后边的两颗子，这样的情况就是所谓的第二利益了。

正确的收官司次序：先双先，再单先，最后是双后。

请大家在实战中进行运用。

如图 10-29-11，左上角上方双方后手 2 目，右上角双方先手 2 目，左下角白棋先手 2 目，右下角双方后手黑 4 目。因此，该图的官子顺序以白棋为例，应按 B、D、C、A 的顺序进行。

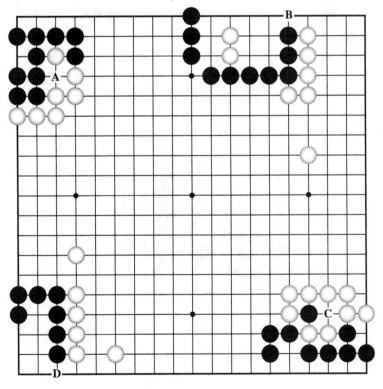

图 10-29-11

下图中该如何收官？顺序如何？

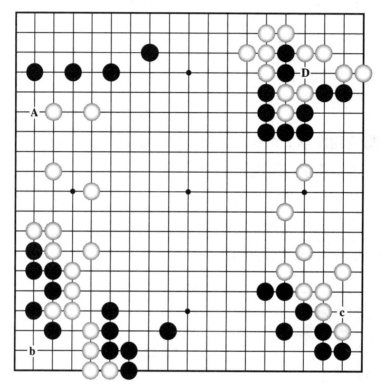

题 10-29-1

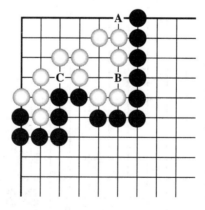

题 10-29-2（黑先）

第30课 官子的抢收与脱先

官子作为棋局胜负最后的机会，抢收大官子成为每位棋手追求的目标。领先者可以牢牢掌控局面，落后者则奋力一搏谋求反败为胜的机会。

常见收官方法主要有飞、扳、尖、跳、立、夹等。每种方法在运用中又有不同的方式，以下我们就以常见的题型进行说明。

1.飞

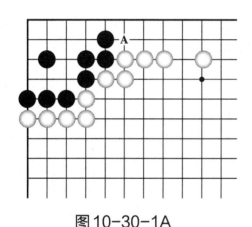

图10-30-1A

如图10-30-1A，黑先，A位的官子该怎么收呢？

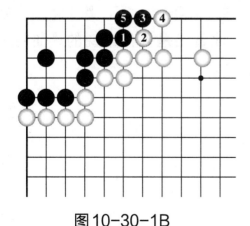

图10-30-1B

如图10-30-1B，黑1拐是初学者容易想到的下法，以下至黑5，黑棋后手，失败。

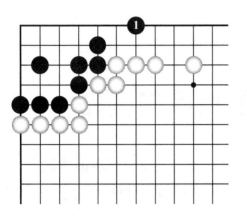

图 10-30-1C

如图 10-30-1C，黑 1 小飞，有进步。

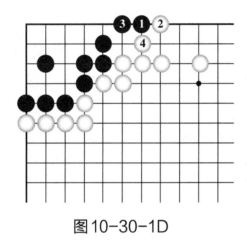

图 10-30-1D

如图 10-30-1D，白 2 挡，黑 3 退，白 4 虎，黑棋先手，但黑棋还有更好的下法。

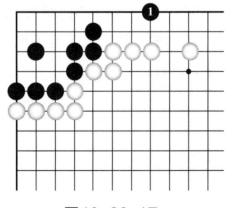

图 10-30-1E

如图 10-30-1E，黑 1 大飞，好棋！此着就是人们常说的"仙鹤大伸腿"。

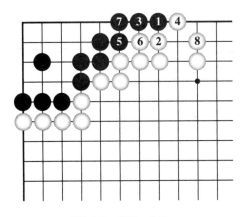

图 10-30-1F

如图10-30-1F，当黑1大飞时，白2顶，黑3退，以下至白8，黑棋先手，和图10-30-1D比，黑棋明显获利更大。

对于此图，如果黑棋不会应用飞，则会成为图10-30-1B的结果，其目数比小飞和大飞都差，不仅所得有限还变成后手。

2.扳

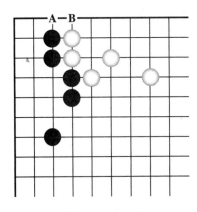

图 10-30-2

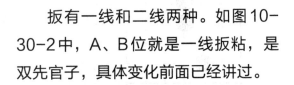

扳有一线和二线两种。如图10-30-2中，A、B位就是一线扳粘，是双先官子，具体变化前面已经讲过。

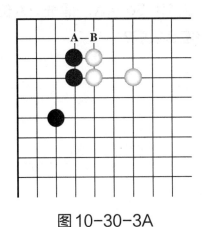

图 10-30-3A

如图10-30-3A，是二线扳的例图。黑白双方可以分别在B位或A位扳。

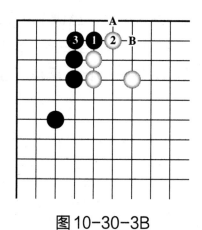

图 10-30-3B

如图10-30-3B，黑1、3扳粘，以后留有A位的先手扳粘或B位的夹等手段。

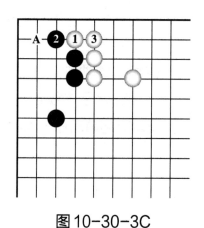

图 10-30-3C

如图10-30-3C，白1、3扳粘后，留有A位夹等手段，像这样二线的扳粘，存在第二利益，其价值很大。

3.尖

尖也分为一线和二线两种。

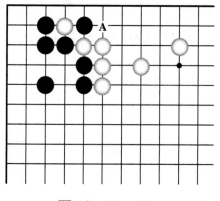

图 10-30-4A

如图10-30-4A，黑先，A位的官子该怎么收呢？

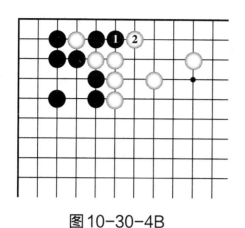

图 10-30-4B

如图10-30-4B，黑1爬是初学者容易下出的棋，但被白2扳住，黑棋没有后续手段，黑棋失败。

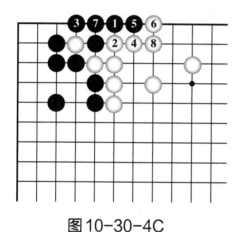

图 10-30-4C

如图10-30-4C，黑1小尖，好棋！白2打吃，黑3提，白4为了避免打劫，只能退，黑5再长，至白8接，黑棋明显比图10-30-4B得利。

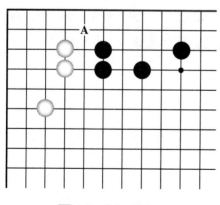

图 10-30-5A

如图10-30-5A，A位的官子该怎么收呢？

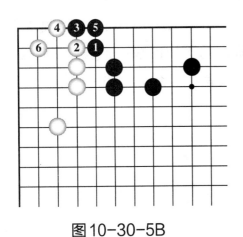

图 10-30-5B

如图 10-30-5B，黑 1 小尖，白 2 挡，黑 3、5 扳粘，至白 6，黑棋先手收官。

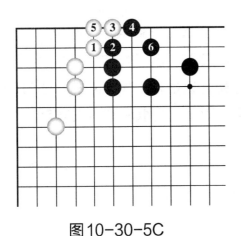

图 10-30-5C

如图 10-30-5C，若该白棋下，白 1 小尖，至黑 6，白棋先手，其价值在 10 目强。

4. 跳

跳在收官中应用颇为广泛。

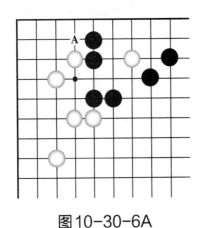

图 10-30-6A

如图 10-30-6A，黑先，A 位的官子该怎么收呢？

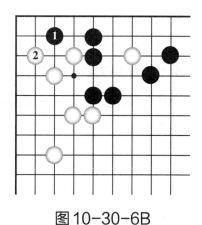

图 10-30-6B

如图 10-30-6B，黑1跳，正确。白2小尖。

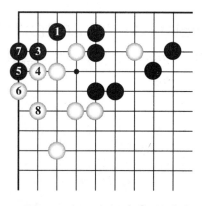

图 10-30-6C（②脱先）

如图 10-30-6C，黑1跳后，白2如果脱先，黑3小尖，以下至白8，黑棋获得很大利益。

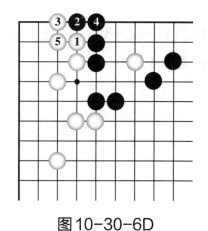

图 10-30-6D

如图 10-30-6D，若该白棋下，白1挡，黑2、4扳粘，白5接后，白角很大，这个官子有16目。

5.立

立有一线立和二线立两种。

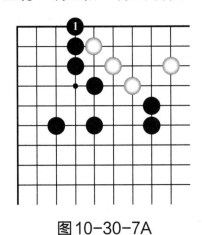

图 10-30-7A

如图 10-30-7A，黑1立，白棋需要应一手，否则黑棋的后续手段会使白棋损失很大。

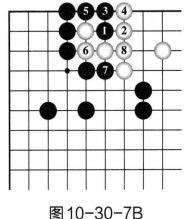

图 10-30-7B

如图 10-30-7B，如果白棋脱先，黑1挤，妙手！以下至白8，黑棋获利颇丰。

6.夹

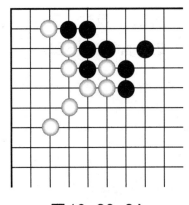

图 10-30-8A

如图 10-30-8A，黑先，角上的官子该怎么收呢？

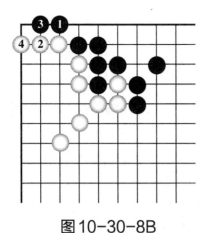

图 10-30-8B

如 图 10-30-8B，黑1扳，白2退，黑3长，白4立，黑棋虽然获得先手，但目数亏了点。

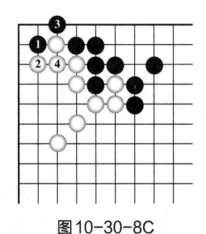

图 10-30-8C

如图 10-30-8C，黑1夹，正确，白2虎挡，黑3打吃，白4接，黑棋同样是先手，明显比图10-30-8B好。

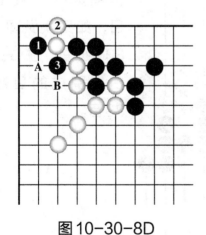

图 10-30-8D

如 图 10-30-8D，当 黑1夹 时，白2若立，阻渡，黑3断，以后A、B两点黑棋必得其一，白棋损失惨重。

官子收官的方法很多，它和个人的棋力相关，我们可以通过下面这个例子，了解官子的抢收与脱先。

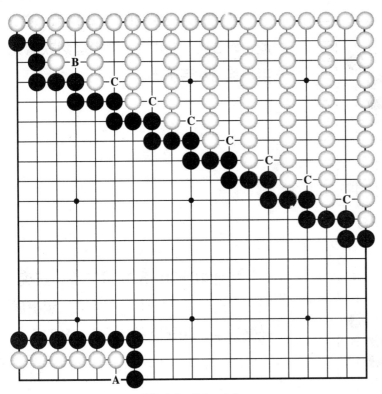

这是经典的官子例题图形，这之中既有抢收，又有可能脱先的情况。如图10-30-9A中A位是黑棋的首选，那B位和C位呢？

图 10-30-9A

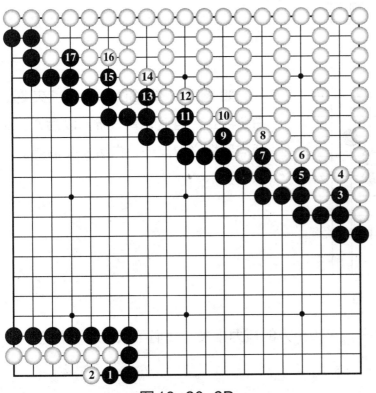

如图10-30-9B，这种收官方式，白棋围成的目数是32目，如果换做图10-30-9C的方式则白棋围成的目数是33目。

图 10-30-9B

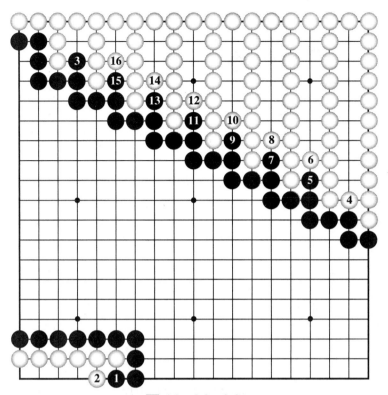

图 10-30-9C

图 10-30-9C 与图 10-30-9B 的差别就在于黑 3 走在了不同的位置上，其结果就相差 1 目。

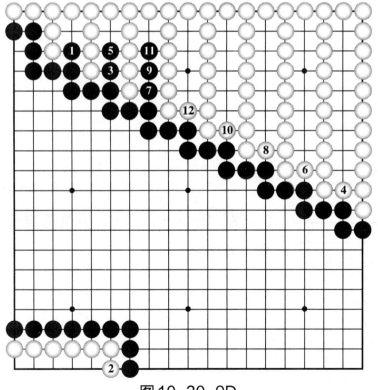

图 10-30-9D

而 图 10-30-9D 的差距就更大了，白棋达到 35 目，前后差距为 3 目。之所以产生这样的结果就在于白棋进行了 6 次脱先。

抢收官子的次序在第 29 课中已经说明，在此不再赘述。

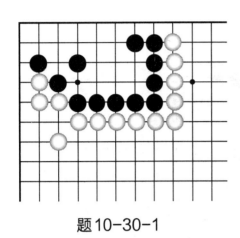

题 10-30-1: 白先，怎么收官呢?

题 10-30-1

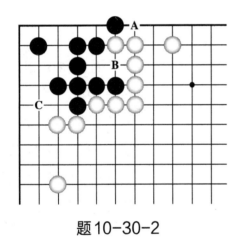

题 10-30-2: 黑先，A、B、C三处官子该怎么收呢?

题 10-30-2

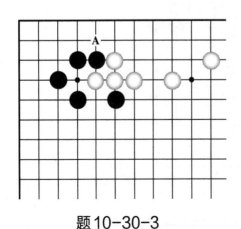

题 10-30-3: 黑先，A位的官子该怎么收呢?

题 10-30-3

第十一章　综合应用

　　亲爱的朋友，非常感谢大家跟着本书学习围棋知识。现在大家已经掌握了围棋的基本下法，也具有了一定的水平。本章主要介绍围棋专业棋手的对局，希望大家通过学习高手的对局，将围棋的各个技巧环节综合在一起，完成对局，并从中体会到围棋的精妙，感悟围棋。

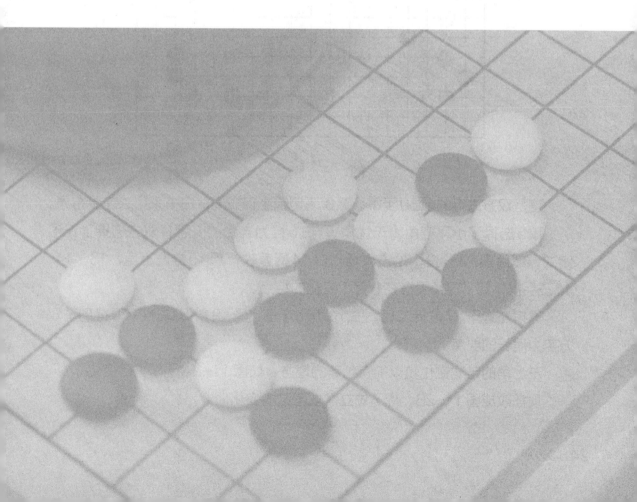

一、经典细棋

以下介绍一局双方都精彩的细棋，半目胜负体现黑白世界的残酷。2009年11月11日进行的第14届LG杯世界棋王赛半决赛我国棋手朴文垚（执黑）对韩国棋手李昌镐（执白），如图11-1。

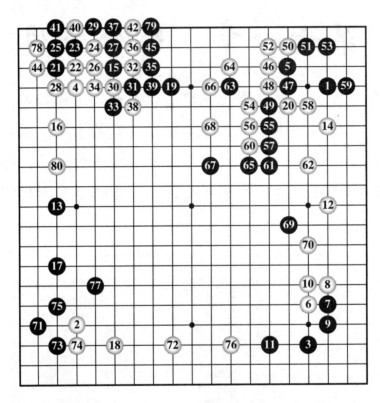

图11-1 **43**＝④

这是双方进行的前80手棋。黑棋采用错小目布局，白棋采用二连星布局。

黑5选择了小飞守角（无忧角），白6挂为当然的一手，双方选择了托退定式，然后黑13分投，抢占大场，白14拆兼攻，黑15挂左上角，13、14、15三手棋体现了现代围棋充分保留变化的特点。

黑棋左边于17位拆二后，白18小飞守角，黑19斜拆二，白20得到了双方势力消长的要点。

左上角的定式变化较以前有创新的地方：如图11-2A是常见的变化。

现在改成图11-2B，黑7先立需求渡过的变化。

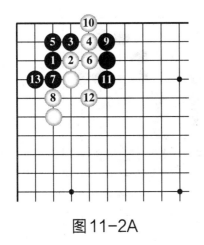

图 11-2A

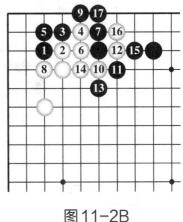

图 11-2B

当然就图 11-1 中黑 33 的打吃而言，定式是两分的局面，只是在心理上黑棋非常舒服。

对于右上角白 20 后 46 至 48 的处理方式，大多业余选手可能会选择图 11-3 的变化，但从黑棋左上角强大厚势的背景来分析，此着法黑棋所得实地较大，白方不满意。

图 11-3 中，黑 4 的冲虽说有些俗，但得到 6 打 8 长的结果——发挥厚势的威力攻击白棋，黑棋应该满意。

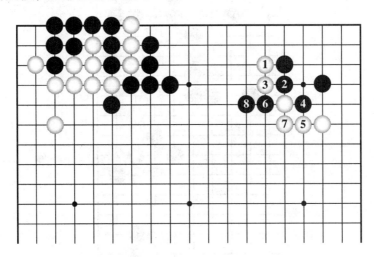

图 11-3

回到图 11-1，黑 63 为试应手，如果白棋接，则黑先便宜，如果白棋不接，黑棋就从 65 位拐出来，但黑 65 不能立刻断，否则被吃掉。如图 11-4。

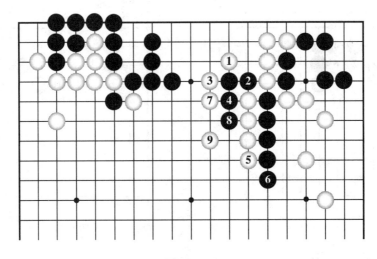

图11-4

图11-1中，右上的战斗随着黑棋51位大飞，白棋很想在左下角尖，但是现在的急所是补棋，否则如图11-5，形成打劫（标记处）的话，白棋太重，一旦打输，则后果不堪设想。

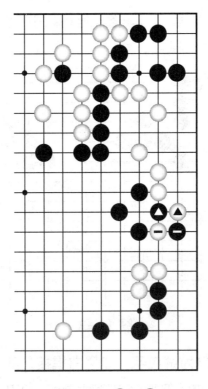

图11-5 ❹❸ = ⑩

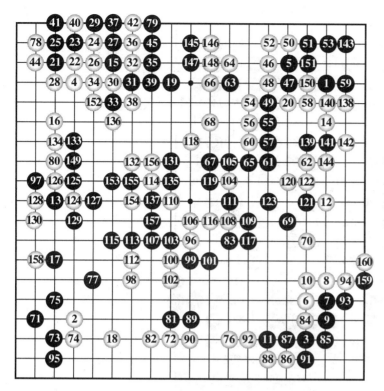

图 11-6 ㊸=㊵

接图 11-1，此后黑棋抢到左下角71位的二四侵分点，巨大。

图11-6（共160着）中，黑棋95的立，在实地上获得8目左右。

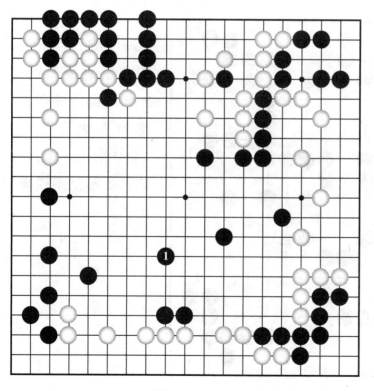

图 11-7

此时黑棋应考虑图11-7的方式更为积极。

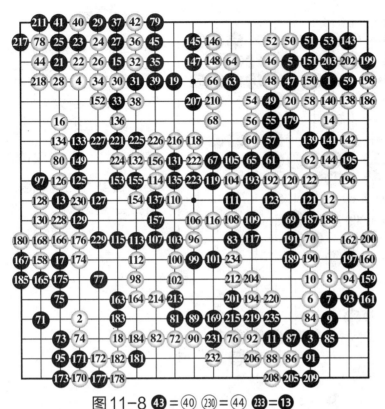

图 11-8 ㊸ = ㊵ ㊳ = ㊹ ㉜ = ⑬

实战中双方在中腹形成了白棋稍好的事态，如图 11-8（共235着）。

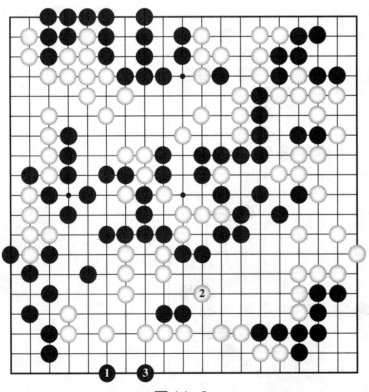

图 11-9

对局中，黑棋在169位的长与白170的先手跳是个疑问，如果黑棋能够在左下角抢到大飞（如图11-9），也许此局的结果就不是黑棋半目负了。

黑棋在读秒声中错过最后一次机会，回到图11-8，经过计算即便黑棋打赢左边的劫，还是输半目的结果，因此朴文垚干脆认输，体现高手的风范。

二、精彩屠龙局

半目胜负只能感叹运气不好，而以杀掉对手大龙的形式赢得对局的胜利是众多棋手的偏爱，但要做到这些，就需要棋手在判断、计算和掌控全局的能力上有很高的水准。在蔓延全盘的对杀中，一方比另一方多出1口气的情况比比皆是。

本部分以我国著名棋手孔杰的一盘精彩屠龙局向大家讲解围棋知识、技巧的综合运用。

如图11-10，这是第14届LG杯世界棋王赛的另一场半决赛中国棋手孔杰执黑对韩国棋手朴永训的一盘精彩屠龙局。本局比赛双方自始至终都在精准的判断和计算中博弈，只不过局中的孔杰更胜一筹，以精妙的屠龙取得该盘比赛的胜利，与韩国的李昌镐相邀决赛赛场。图11-10共80着。

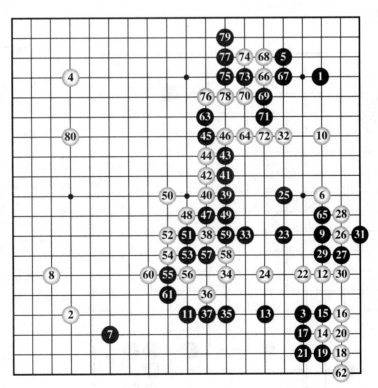

图11-10

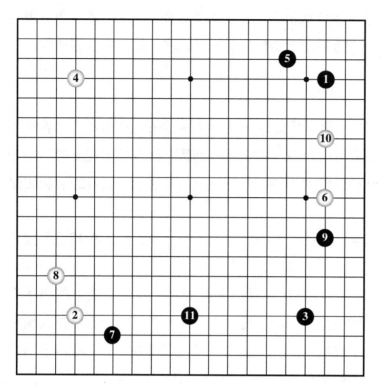

图 11-11

如图11-11，黑棋以星小目开局，白棋以二连星相回应。黑5小飞守角以静制动，静观其变。白6分投，黑7挂左下角至11拆是近段时间很流行的布局。

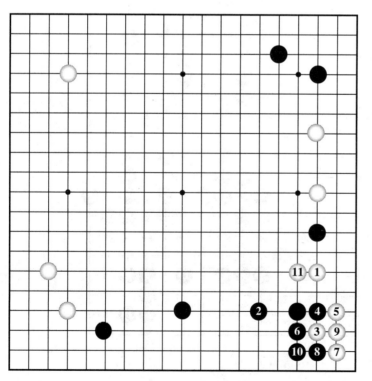

图 11-12

如图11-12，从黑棋在右下角的应对来看，显然是做了充分的准备，一般来说对方点角让过的棋是不会在打吃后对方接自己也接上的，这盘棋黑10接上是因为白棋仍然没活，并且还得继续补棋。

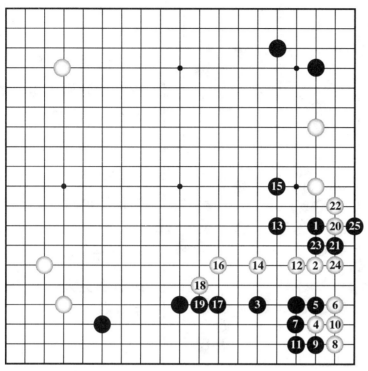

图 11-13

如图11-13，白12、14向中腹发展的同时，黑棋对右边的白棋也施加了影响，尤其是白棋的二线渡过，由于受黑15的影响，竟然回不去，白棋立出现误算。也许正是这时的纰漏导致了白方的心情受到影响了。

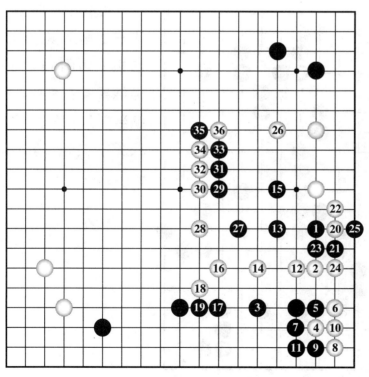

图 11-14

双方几乎是从占角开始直接转向了中盘作战，在向中腹发展的过程中，白36手（如图11-14）的断是很大的疑问手，应该不成立。

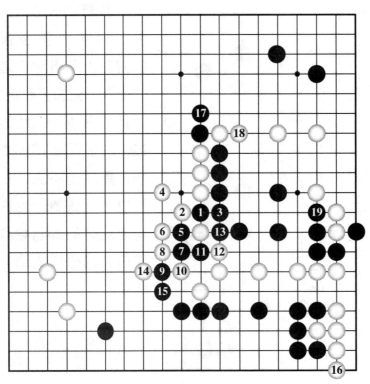

图11-15

对于此手的"回报"，黑棋采用了最强手，白棋右下角大块棋开始呼吸困难。如图11-15，虽然至16手，白棋两眼活棋，可是白棋整体上并没有摆脱麻烦不断的命运，黑棋先手17位长和19位的挤，让白棋感觉到更大的压力铺天盖地而来。

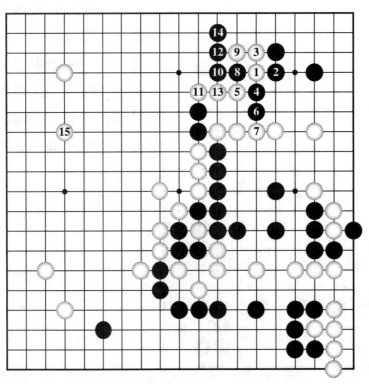

图11-16

实战中，白棋借攻右上角黑棋来寻求活棋（如图11-16），但结果实在难受，纠缠至右上角三子被吃，只好在左上角15位开拆。

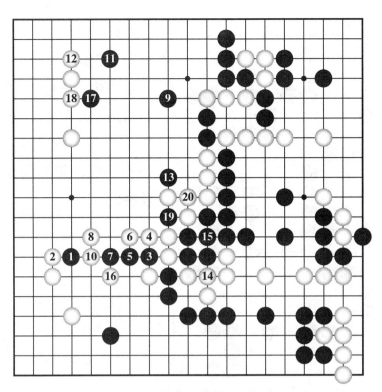

图 11-17

如图11-17，此时黑1声东击西，先在左下角做交换后，黑3对中腹白棋发动猛攻。对于白8的攻击，黑9适时将上方的2颗黑棋洞出，白棋右上边大龙顿感窒息。

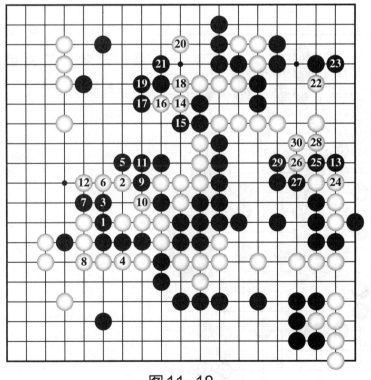

图 11-18

如图11-18，对于黑1的长，初学者可能觉得"太好了"，白送给白棋四子，其实不然，如果白棋贪吃黑棋四子，则白棋中腹六子将被吃掉，大败。实战中，白14扳，16长、18接 合20的跳，只能是垂死挣扎了，没有得到一只眼，而右上边只有半只眼（白24位若不接上，则该处漏洞极大，轮黑棋先行时白

棋无法做眼），白棋只有在22靠，但黑棋23冷静的下立，白棋无奈。

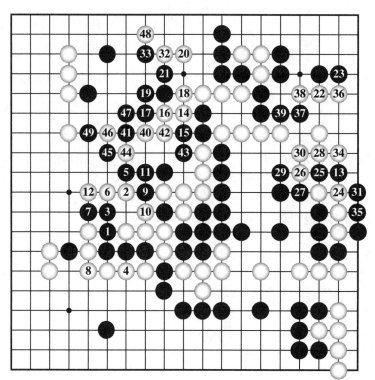

图 11-19

如图 11-19，白棋行至 38 手，仍然找不到眼位，在经过 40 至 48 的抵抗后，白棋面对黑 49 的打吃，投子认负，黑棋屠龙获胜。

图 11-20（共 149 着）是全局的整谱，供爱好者学习、欣赏。

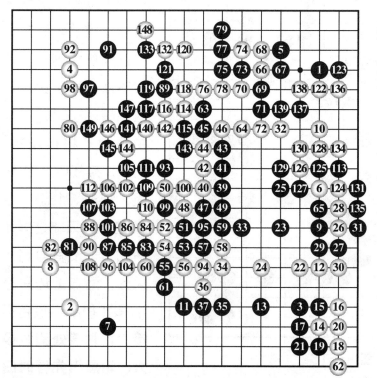

图 11-20

参考答案

第1课

一、题1-1-1至题1-1-4答案分别为9口气、4口气、3口气、1口气。

二、黑棋下法如下。

题1-1-5正解图：白▲二子还剩1口气。黑1提掉白棋是正着。

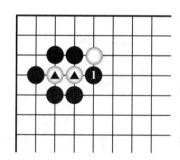

题1-1-5正解图

题1-1-6正解图：黑⚫一子还剩1口气，白▲二子也剩1口气。黑1提掉白棋是正着。

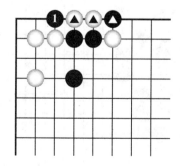

题1-1-6正解图

题1-1-7正解图：黑⚫四子还剩1口气，白▲三子也剩1口气。黑1提掉白棋是正着。

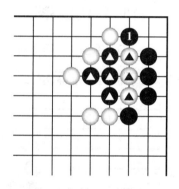

题1-1-7正解图

题1-1-8正解图：黑⚫二子还剩1口气，黑1逃，正着。

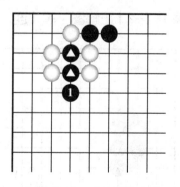

题1-1-8正解图

题1-1-9正解图：白 ▲ 三子还剩1口气，黑1提，正着。这样可以救出黑 ⬤ 一子。

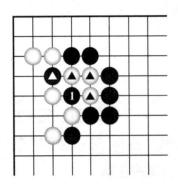

题1-1-9正解图

题1-1-10正解图：黑1提，正着。这样白 ▲ 二子被提掉，黑棋二子得救。

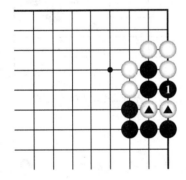

题1-1-10正解图

题1-1-11正解图：黑1连，正着。

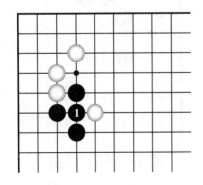

题1-1-11正解图

题1-1-12正解图：黑1断，正着。白 ▲ 三子和白 ⊖ 一子危险。

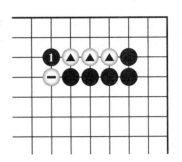

题1-1-12正解图

第2课

题2-2-1正解图：黑1双吃，正解。

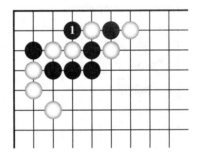

题2-2-1正解图

题2-2-2正解图：黑1双吃，正解。

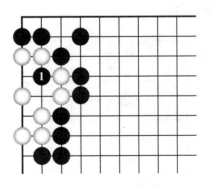

题2-2-2正解图

题2-2-3正解图：此题的关键是要吃掉白△二子，救出被围的黑棋四子。黑1断吃，正解。白△二子被吃。

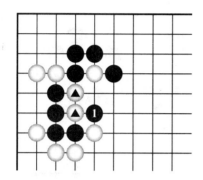

题2-2-3正解图

题2-2-4正解图：黑△二子被白棋包围了，还剩2口气，有危险，只有吃掉白△四子，才能救出黑棋。黑1断吃，正解。白棋无路可逃。

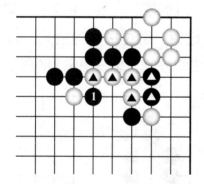

题2-2-4正解图

题2-2-5正解图：黑△三子被白棋包围了，还剩3口气，有危险，只有吃掉白△三子，才能救出黑棋。黑1冲（己方的棋子从对方的棋子之间穿出称为冲），白2挡，黑3断吃，形成"抱吃"，白棋被吃。

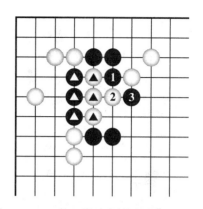

题2-2-5正解图

题2-2-6正解图：黑△三子被白棋包围了，还剩2口气，有危险，怎样将其救出呢？黑1打吃，白2提，黑3再打吃，白4若在⊖连，黑5打吃后，形成"门吃"，白棋被吃，黑△三子得救。

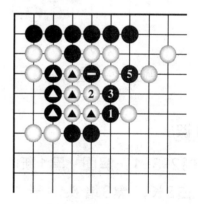

题2-2-6正解图 ④=⊖

题2-2-7正解图：黑△四子被白棋包围了，有危险，怎样将其救出呢？黑1断打，好棋！白2若连，黑3门吃。白△二子被杀，黑棋得救。

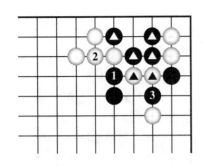

题2-2-7正解图

题2-2-8正解图：黑 ▲ 一子被吃，黑棋要想逃不可能，怎样利用黑 ▲ 吃掉白棋呢？黑1断打，好棋！白2只能提，黑3抱吃。

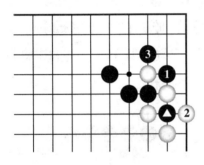

题2-2-8正解图

第3课

题2-3-1正解图：黑1断吃，正着。白2长，黑3堵头，形成"征子"，白棋被吃。

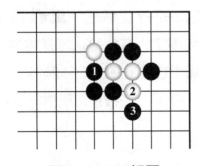

题2-3-1正解图

题2-3-2正解图：黑1打吃，白2长，黑3再打，好棋！绕过白棋的援兵，黑5再打，好棋！请大家牢记：征子到二线不堵头。

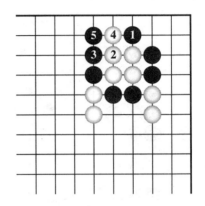

题2-3-2正解图

题2-3-3正解图：此题要吃掉白 ▲ 子，将角上的黑棋和中间的黑棋连上。黑1断吃，正着。白2长，黑3再打，好棋！绕过白棋的援兵，以下至黑9白棋被吃，想一想黑7的作用。

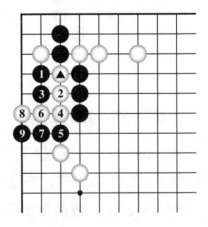

题2-3-3正解图

题2-3-4正解图：角上的黑棋被白棋断开了，有危险，吃掉白▲子是解决本题的关键。黑1封，好棋。白▲子就逃不掉了。

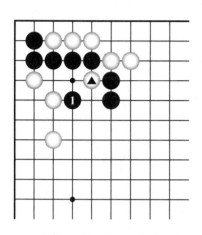

题2-3-4正解图

题2-3-5正解图：此题应想办法吃掉白▲二子，将黑棋连起来。但白棋有援兵，不能用征子。黑1封，好棋！白棋被吃。像黑1这样的封，大家要多练习，熟记棋形。

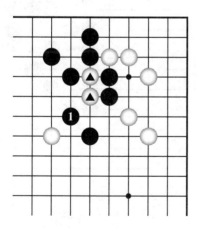

题2-3-5正解图

题2-3-6正解图：黑1冲吃，白2逃，由于白棋两边都有援兵，不能用征子，黑3封，好棋！白棋被吃。

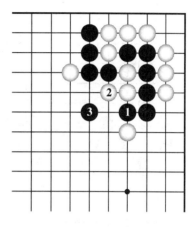

题2-3-6正解图

第4课

题2-4-1正解图：此题要救出黑▲三子，吃掉白▲二子。黑1打吃，白棋形成"倒扑"，白▲二子被吃。

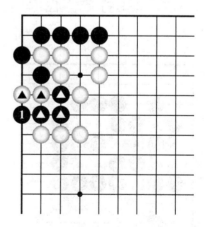

题2-4-1正解图

题2-4-2正解图：黑棋要想办法吃掉白▲二子，将几块黑棋连起来。黑1下在虎口里，好棋！形成"倒扑"。

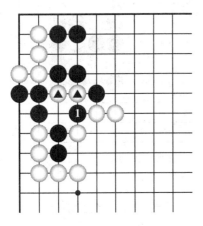

题2-4-2正解图

题2-4-3正解图：此题要救出黑●数子，吃掉白▲数子。黑棋的气数只有2口气！黑1扑，正着。白2提，黑3打吃，白4连于1位，黑5再扑，妙手！白6提，黑7打吃，白8连于5位，黑9打吃，白▲数子被吃。

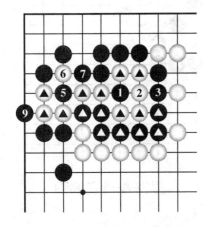

题2-4-3正解图 ④=● ⑧=❺

题2-4-4正解图：此题要吃掉白▲四子。黑1扑，好棋！白2提，黑3打吃，如白4下在1位连，黑5断打，白棋形成"接不归"。

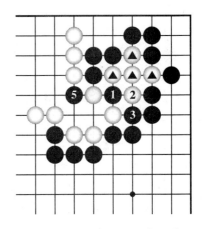

题2-4-4正解图 ④=●

题2-4-5正解图：黑棋已能吃掉白⊖三子，但角上的黑棋仍处于危险之中，必须要再吃掉白▲四子，救出角上的黑棋。黑1打吃，好棋！两边的白棋都被吃了。

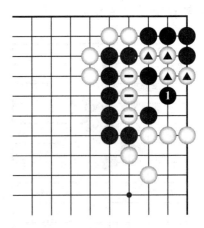

题2-4-5正解图

题2-4-6正 解 图：黑1扑，正着。白2提，黑3立，好棋！白4连，黑5打吃，白棋若在A位连，黑棋则在1位提；白棋不能在1位连，否则，黑棋在A位断打，白棋损失惨重。

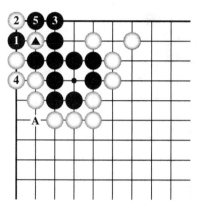

题2-4-6正解图

第5课

题3-5-2是活棋，其他3道题都是死棋。

第6课

题3-6-1正解图：黑棋被白棋包围了，应该做眼。黑1又打吃又做眼，好棋！白2打吃时，黑3提，黑棋两眼活棋。

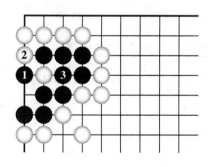

题3-6-1正解图

题3-6-2失败图：黑1打吃，失败！白2连，黑3提，白4跳，黑棋逃不掉，黑5提，白6下在2位点，黑棋被杀。

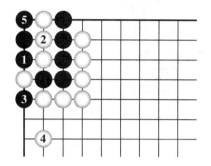

题3-6-2失败图 ⑥=②

题3-6-2正解图：黑1连，同时打吃白棋，正解。黑棋一边吃一子，黑棋两眼活棋。

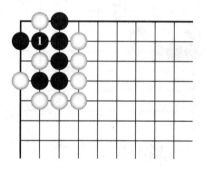

题3-6-2正解图

题3-6-3失败图：黑1坏棋！白2连，白棋两眼活棋。

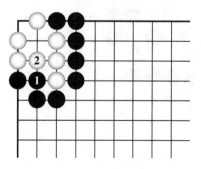

题3-6-3失败图

题3-6-3正解图：黑1挖，好棋！由于白棋气紧，不能在A位打吃，白棋无法做出两只眼，白棋被杀。

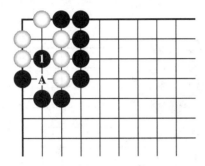

题3-6-3正解图

题3-6-4失败图：黑棋应该破眼。黑1打吃，坏棋！白2连后，白棋两眼活棋。

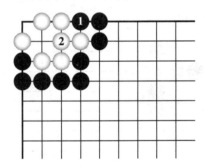

题3-6-4失败图

题3-6-4正解图：黑1扑是破眼的好手！白2提，黑3打吃，白棋只有一只真眼，白棋被杀。

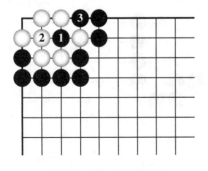

题3-6-4正解图

第7课

题3-7-1失败图：黑棋应该做眼。黑1坏棋，没有做眼（该棋形实为"丁四"）。白2点眼，黑棋死了。

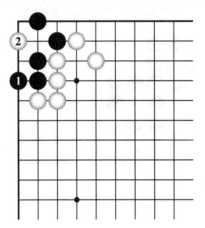

题3-7-1失败图

题3-7-1正解图：黑1做眼，正着。这样黑棋已经两眼活棋了。

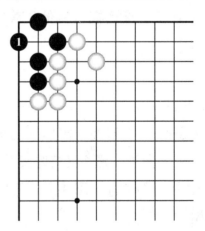

题3-7-1正解图

题3-7-2正解图：黑1是唯一的一着，白2长，黑3做眼，黑棋活棋；假如黑1时，白2下在3位，则黑棋下在2位，仍然是活棋。

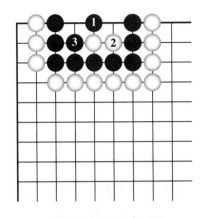

题3-7-2正解图

题3-7-3失败图：黑棋应该破眼。黑1打吃，坏棋！白2做劫，好棋！形成"打劫杀"，黑棋失败。

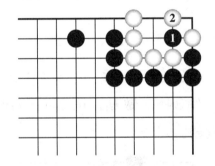

题3-7-3失败图

题3-7-3正解图：仔细观察应该发现白棋的空是"刀五"，黑1点眼，正着。白2连，黑3长，破眼；白2若下在3位，则黑棋下在2位，黑棋破眼成功，白棋被杀。

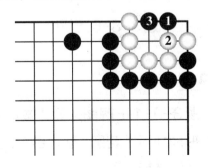

题3-7-3正解图

题3-7-4正解图：此题黑棋破眼的要点在于，将棋走成"半死半活棋型"，然后点死对方。黑1好棋！黑棋做成了"花五"，好像A位、B位双方不入，形成"双活"，但是黑棋可以在A位或B位做成"花六"杀死对方。

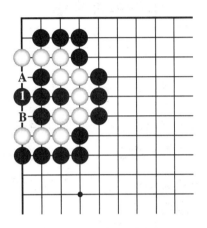

题3-7-4正解图

题3-7-5正解图：黑棋的空有点像"刀五"，黑1做眼，好棋！白2扳，黑3做眼，黑棋两眼活棋。

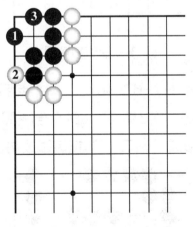

题3-7-5正解图

题3-7-6失败图：黑1扑，次序有误，白2提，黑3打吃，白4做眼，好棋！黑棋破眼失败。

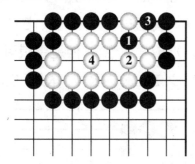

题3-7-6失败图

题3-7-6正解图：黑1点眼，正着。白2挡，黑3扑，次序正确，白4提，黑5打吃，白棋只有一只眼，黑棋破眼成功。

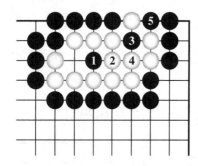

题3-7-6正解图

题3-7-6变化图：黑1点眼时，白2连，黑3断打，白4连，黑5也连，形成"直三"，黑棋破眼成功。

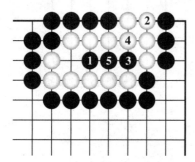

题3-7-6变化图

第8课

一、题3-8-1，23目；题3-8-2，24目；题3-8-3，27目；题3-8-4，27目。

二、题3-8-5正解图：黑1扳，白2打吃，黑3做劫。

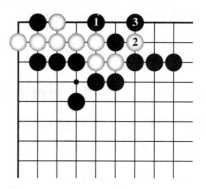

题3-8-5正解图

题3-8-6正解图：黑1尖，白2挡，黑3扑，做劫，白4可于A位首先提劫。

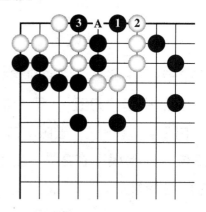

题3-8-6正解图

第9课

题3-9-1正解图：黑1做劫，重要！形成劫活；若黑1连，白棋走在1位，黑棋净死。

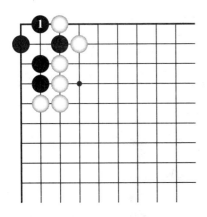

题3-9-1正解图

题3-9-2正解图：黑1好棋！占据眼形的要点同时做劫，形成劫活。否则无论黑棋下哪里，白棋下在1位点眼，黑棋净死。

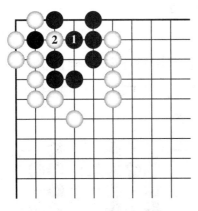

题3-9-2正解图

题3-9-3正解图：黑1扑，正着。白棋不能在A位连，白2只能提，形成劫活。此劫为"万年劫"，当白棋劫材不足时，可下于B位，黑棋于A位提，需继续打劫才能做活。而白棋于C位粘后，可先手取消打劫，由于白棋没有大的损失，故该劫对白棋而言是"无忧劫"。

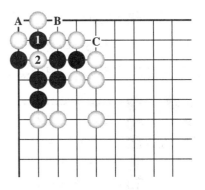

题3-9-3正解图

题3-9-4正解图：黑1点是破眼的要点，白2阻渡，黑3再点，好棋！白4阻渡，黑5连，形成双活。

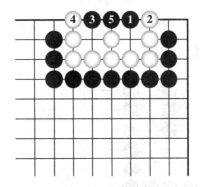

题3-9-4正解图

题3-9-5正解图：黑1连，正着。白2点眼，黑3阻渡，白4连，形成双活。

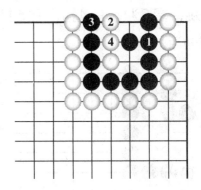

题3-9-5正解图

题3-9-6失败图：黑1点在"一路"，有误。以下至黑5，虽然形成双活，但此双活是黑棋后手双活，黑棋失败。

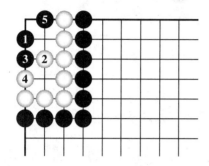

题3-9-6失败图

题3-9-6正解图：黑1点，正着。白2跳，黑3冲，以下至白6，形成双活。

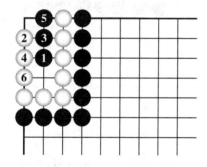

题3-9-6正解图

题3-9-6变化图（1）：黑1点，白2跳，黑3冲，白4挡，黑5打吃，形成劫活。

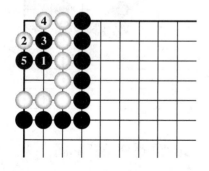

题3-9-6变化图(1)

题3-9-6变化图（2）：黑1点，白2拐，黑3扳，白4爬，黑5扑，形成劫活，白棋不利，白棋正确下法见正解图。

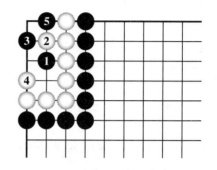

题3-9-6变化图(2)

第10课

题4-10-1失败图：黑1先紧外气，是常识性下法，但此题不适用，白2破眼，以下至黑7，形成"双活"。黑棋失败。

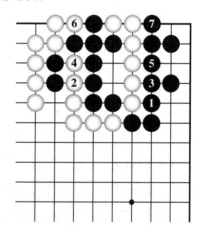

题4-10-1失败图

题4-10-1正解图：黑1做眼，正解。在有公气的情况下，做眼是唯一的选择。对杀时对有眼方有利，因为公气属于有眼方。以下至黑7，白棋被杀。

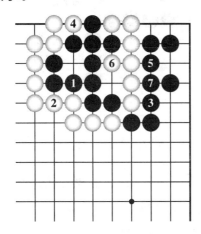

题4-10-1正解图

题4-10-2正解图：黑棋有4口外气；白棋有1口外气，2口公气，黑1先紧外气是正确紧气方法，白2紧气，黑3、黑5再紧公气，白棋被吃。

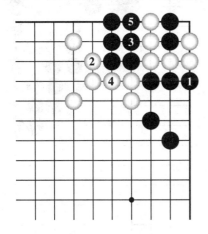

题4-10-2正解图

题4-10-3正解图：黑1扑是紧气的好手！在对杀过程中，扑是紧气的常用手段，应记牢。白2提，以下至黑7，形成"有眼杀无眼"，白棋被杀。

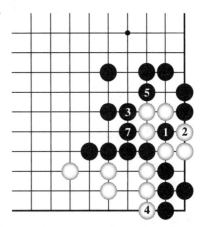

题4-10-3正解图 ⑥=❶

题4-10-4失败图：黑1打吃，坏棋！白2做劫，好手！形成劫杀，黑棋失败。

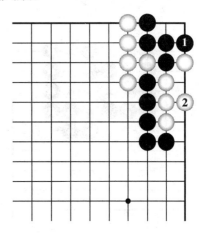

题4-10-4失败图

题4-10-4正解图：黑1做眼，正解。以下至黑3，形成眼杀。

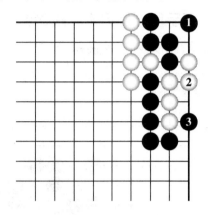

题4-10-4正解图

第11课

题4-11-1正解图：角上的黑▲数子和白△数子对杀，黑棋有5口气，白棋也有5口气。根据气数相同，先走方胜的原则。经过黑1至黑7，黑棋剩3口气，白棋只有2口气，白棋被杀。

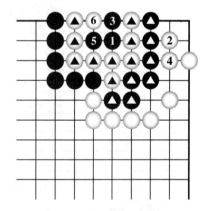

题4-11-1正解图 ❼=❶

题4-11-2正解图：黑1做眼，好棋！可以长气。白2连，黑3连，紧气。白棋有5口外气，黑棋有1（内

气）+5（公气）=6气，根据气多杀气少的原则，黑棋杀白棋。

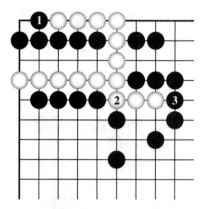

题4-11-2正解图

题4-11-3正解图：白⊖点后，黑1挡是此时唯一的下法，白2送吃，黑3提，白4扳紧气，黑5也紧气，白6下在2位扑时，黑7打吃，好棋，形成倒扑，白棋被杀。

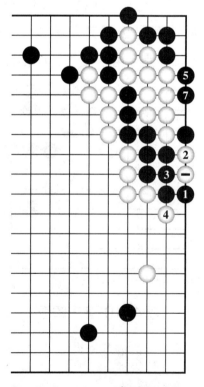

题4-11-3正解图 ⑥=②

题4-11-3变化图：黑1挡时，白2打吃，黑3长，好棋！可以长气，白4封住，黑5紧气，以下至黑9，白棋也被杀。

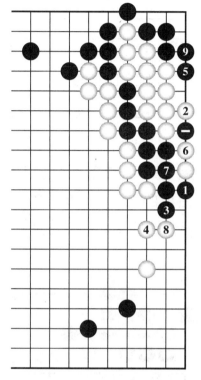

题4-11-3变化图

题4-11-4正解图：黑棋数子和角上的白棋数子对杀，黑棋有眼，白棋眼位不明，根据对杀对有眼方有利的原则，黑1长，破眼，好棋！白2若连，以下至黑13，白棋被杀；黑1长时，白2若下在3位，黑棋则下在2位破眼，以下请大家验证，白棋也被杀。

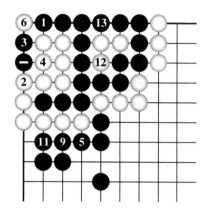

题4-11-4正解图

❼=❸ ⑧=● ⑩=⑥

第12课

题4-12-1正解图：黑 ⬣ 二子和白 ▲ 三子对杀，黑棋2口气，白棋3口气。黑棋如何长气是关键。黑1尖（点），妙手！白2打吃，黑3连后，白棋A位不入气，白 ▲ 三子被杀。

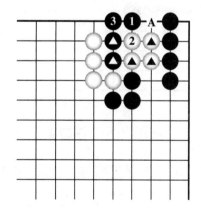

题4-12-1正解图

题4-12-2失败图：黑 ⬣ 三子和白 ▲ 四子对杀，黑棋只有两气，好像应该紧白棋的气，黑1扑，打吃白棋，白2提，形成劫杀，黑棋失败。

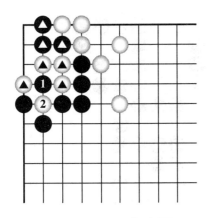

题4-12-2失败图

题4-12-2正解图：黑1做眼，好棋！由于白棋不入气，白棋已经不能杀黑棋，相反黑棋可以随时杀白棋。黑1后，白▲四子被杀。形成有眼杀无眼。

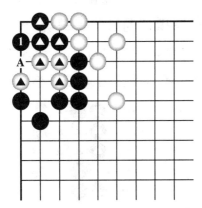

题4-12-2正解图

题4-12-3正解图：此题是黑⬤二子和白▲三子对杀，白棋已经吃死了黑⬤一子。黑1扳打，好棋！白2提，黑3连，冷静！白4紧气。黑5打吃后，白棋被杀。其中黑1破眼是紧气的要点。

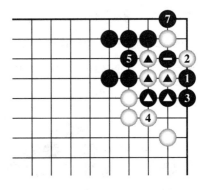

题4-12-3正解图

题4-12-4正解图：黑⬤三子和白▲三子对杀，黑棋只有2口气。黑1拐，重要！既能长黑棋的气，又能紧白棋的气。白2扳，黑3扑，好棋！紧气的好手。以下至黑7，白棋被杀。

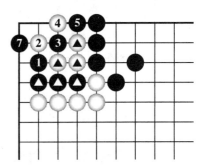

题4-12-4正解图 ⑥=❸

题4-12-5失败图：黑1拐，次序有误，以下至白6，黑棋被杀。

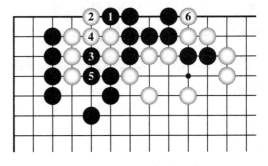

题4-12-5失败图

题4-12-5正解图：黑1断，好棋！白2打吃，以下至黑9，白棋被杀。黑1断，请大家记住，它先手造成白棋不能像上图那样在6位紧气，即造成对方不入气。

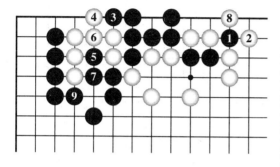

题4-12-5正解图

第13课

题5-13-1正解图：黑1挖，妙手！白棋无论怎么下都被黑棋断开了，白棋被吃。请大家自己验证。

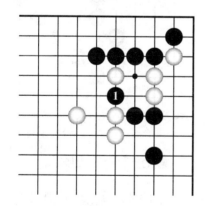

题5-13-1正解图

题5-13-2正解图：黑1挖，正解！白2打吃，黑3连后，白棋出现两个断点，白棋被吃。

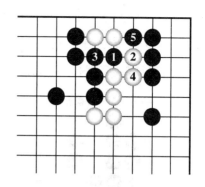

题5-13-2正解图

题5-13-3正解图：黑1挖，正解！白2打吃，黑3连，白4连，黑5扑，妙！至黑7形成接不归，白棋被吃。

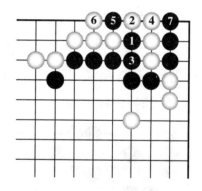

题5-13-3正解图

题5-13-4正解图：黑1挖，正解！白2打吃，黑3断打，妙！白4提，黑5再打，白棋被吃。

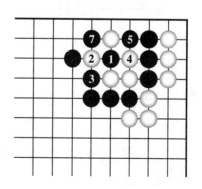

题5-13-4正解图 ⑥=❶

题5-13-5正解图：黑1挖，正解！白2打吃，黑3连，白4连，黑5打吃，白棋形成接不归，白棋被吃。

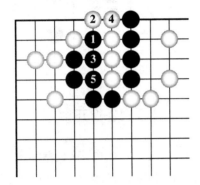

题5-13-5正解图

题5-13-6正解图：黑1挖是紧气的好手！白2打吃，黑3断打，妙手！白4提，黑5立，准确！白6连，黑7小飞到一路是要点，白8冲时，黑9退，冷静！白棋被吃。

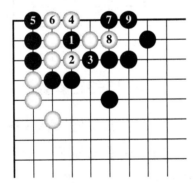

题5-13-6正解图

第14课

题5-14-1正解图：黑1挖，正解！白2打吃，黑3做成"假门吃"，白4只能提，黑5连打吃，白6下在1位连，形成"滚打"。

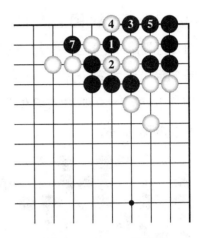

题5-14-1正解图

题5-14-2正解图：黑1扳，好手！白2打，黑3一路反打，白4提，黑5打吃白棋三子，要点！这样白6只能连，形成"滚打"，以下黑7至黑13抱吃白棋。

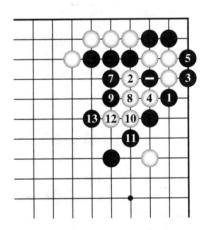

题5-14-2正解图

题5-14-3正解图：黑1扑，妙手！白2提，黑3再打，白4下在黑1位连，黑5打吃，白6连。黑7夹，好手！白8只能打吃，黑9连，白10提，黑棋外围完整，达到整形的目的。

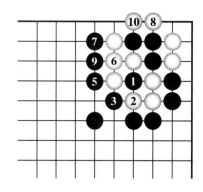

题5-14-3正解图

题5-14-4正解图：黑1扳，正着。白2打吃，黑3再打，白2提，黑5打吃，形成"胀死牛"，黑棋活棋。

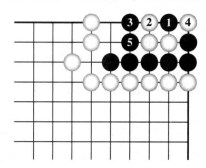

题5-14-4正解图

第15课

题5-15-1正解图：黑1立，正着。白2扳紧气，黑3拐紧气后，形成金鸡独立，白棋被吃。

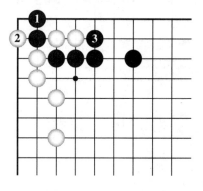

题5-15-1正解图

题5-15-2正解图：黑1立，好手！白2紧气，黑3冲，次序重要，白4挡，黑5再立，妙手！白6只能连（白棋若在7位连，黑棋则在6位扑，白左边三子被吃），黑7断，白棋四线二子被吃。

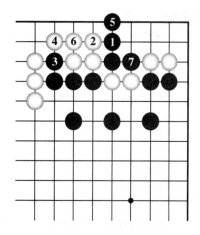

题5-15-2正解图

题5-15-3正解图（1）：黑1跳，好手！白2紧气，吃黑棋二子，黑3扳，白4提，黑5连白棋只有一只眼，白棋被杀。

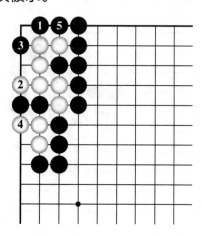

题5-15-3正解图（1）

题5-15-3正解图（2）：黑1跳时，白2断吃，黑3拐，白4提，黑5后，形成"金鸡独立"，白棋被杀。

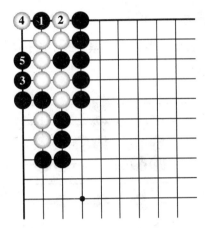

题5-15-3正解图（2）

题5-15-4正解图：黑1打吃，白2立，黑3紧气，白4拐，黑5扳，好手！白6打吃，黑7连，白8打吃，黑9立，妙手！白10打吃，黑11打吃，白12提，黑13在5位扑，妙！白14只能提，黑15连，以下至黑17，形成大头鬼，白棋被吃。

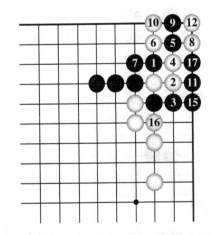

题5-15-4正解图 ⑬=❺ ⑭=❾

第16课

题5-16-1正解图：此题关键是吃掉白▲三子，将角上的黑棋和外边的黑棋连上。黑1夹，正着。白2，黑3扳，强手！以下至黑9，白棋被吃。

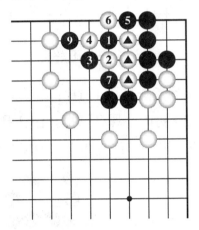

题5-16-1正解图 ⑧=❶

题5-16-2正解图：黑1夹，好手！抓住白棋气紧，棋形有缺陷的弱点。白棋扳，黑3连打吃，白4连，黑棋先手将白棋的空变小了。

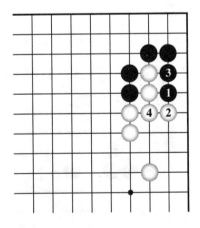

题5-16-2正解图

题5-16-3正解图：此题关键是吃掉白△三子，将3块黑棋连上。黑1夹，妙手！形成竹节筋，白2连，以下至黑5，白棋2口气，黑棋3口气，白棋被吃。

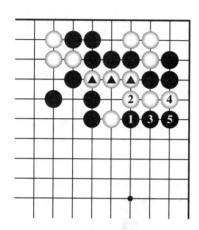

题5-16-3正解图

题5-16-4正解图：黑1夹，妙手！白2连，黑3渡过，白棋无法造出两只眼，被杀。

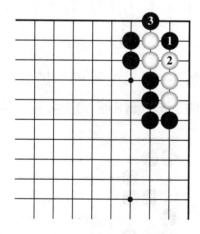

题5-16-4正解图

第17课

题5-17-1失败图：无条件救出被围的黑△数子，吃掉白△一子是本题的关键。黑1打吃，有问题，白2做劫，形成"打劫"。黑棋失败。

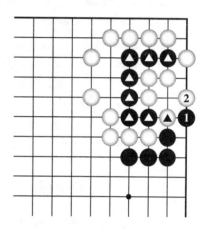

题5-17-1失败图

题5-17-1正解图：黑1点，好手！白2连，黑3打吃，白棋被吃"接不归"。

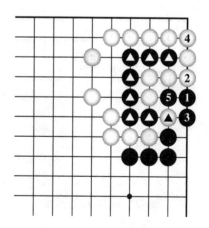

题5-17-1正解图

题5-17-2正解图：黑1点，击中白棋棋形的要害。白2连，黑3断吃，白4打吃，黑5拐打，白6打吃，黑7提，以下至黑11，白棋被杀。

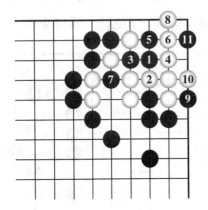

题5-17-2正解图

题5-17-3正解图：黑1点方，好棋！白2扳，扩大眼位，黑3断，好棋！以下至黑7，白棋被杀。其中，白8若在3位连，黑棋下在A位"门吃"。

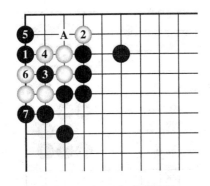

题5-17-3正解图

题5-17-4正解图：黑1点，妙手！白2冲，黑3打吃，次序重要。白4连，黑5扳，好棋！白6提，黑7打吃，形成接不归，白棋被吃。

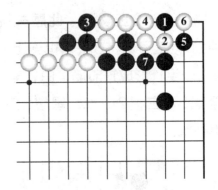

题5-17-4正解图

题5-17-5正解图：黑1冲，白2挡，黑3点，次序正确。形成老鼠偷油。

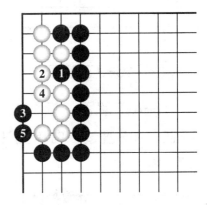

题5-17-5正解图

题5-17-6正解图：黑1点，要点！白2连，黑3断，白▲三子被吃。

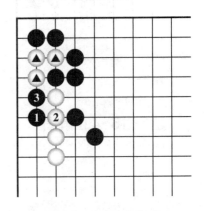

题5-17-6正解图

第18课

题5-18-1正解图：黑1断吃，好棋！白2提，黑3下在黑 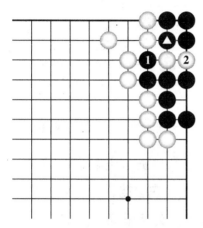 处，打吃白棋，白棋二子被吃，形成倒脱靴，黑棋活棋。

题5-18-1正解图 ③=▲

题5-18-2正解图：此题的关键是如何吃掉角上的白棋。黑1长，好棋！白2扳，黑3连，妙手！白4立，黑5连，白6紧气，黑7紧气，白8提，黑9下于黑 ▲ 处，打吃，形成倒脱靴，角上的白棋被吃。

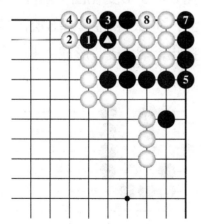

题5-18-2正解图 ⑨=▲

题5-18-3正解图：白棋吃死黑棋二子，又能造眼，好像已经活棋，但黑棋有手段可将白棋杀死。黑1曲（弯曲），妙手！白2做眼，黑3断，送吃，好棋！白4提，黑5再于3位断吃，形成倒脱靴，白棋被杀。

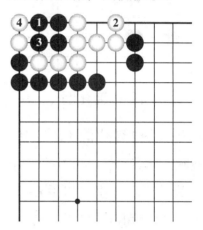

题5-18-3正解图⑤=③

第19课

题6-19-1正解图：黑1扳，缩小眼位，白2挡，黑3点眼，次序正确。白4做眼，黑5送吃，白棋被杀。

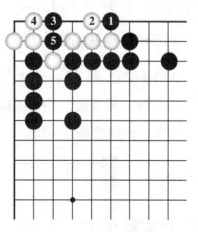

题6-19-1正解图

题6-19-1变化图（1）：黑1扳，白2接，黑3长，继续缩小眼位，白4挡，形成"直三"，黑5点眼，白棋被杀。

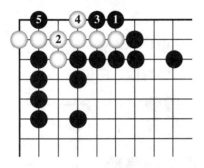

题6-19-1变化图（1）

题6-19-1变化图（2）：黑1扳，白2做眼，黑3再长，缩小眼位。白4打吃，黑5扑，好棋！以后白棋提黑棋二子，黑棋可在1位扑，白棋无法做眼，被杀。

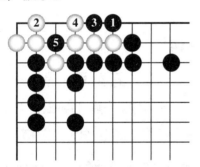

题6-19-1变化图（2）

题6-19-2正解图：黑1点眼，重要。白2断，黑3长，由于白棋气紧无法做眼，白棋被杀。

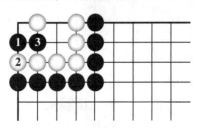

题6-19-2正解图

题6-19-3失败图：黑1点，错误。白2做眼，黑3扑时，白4提，好棋！黑5提，白6做眼，白棋净活，黑棋失败。

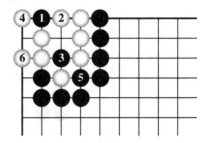

题6-19-3失败图

题6-19-3正解图：黑1扳，缩小眼位，白2挡，黑3点，白4做眼，黑5扑，次序正确，白棋被杀。

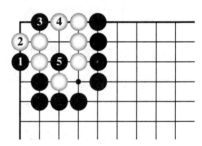

题6-19-3正解图

题6-19-3变化图：当黑3点时，白4团，扩大眼位，黑5挖，好棋。白6打吃，黑7接，形成"曲三"，白棋也被杀。

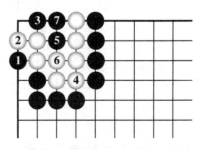

题6-19-3变化图

题6-19-4正解图：黑1断吃，正确。白2接，黑3立，白棋A、B两点都不入气，形成"金鸡独立"，白棋被杀。

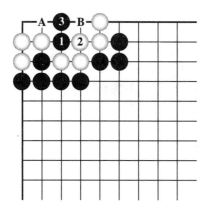

题6-19-4正解图

题6-19-4失败图（1）：黑1挡，错误。白2接，以后A、B两点白棋必得其一，白棋活棋。

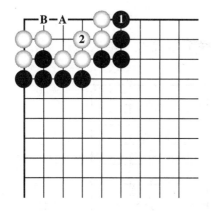

题6-19-4失败图（1）

题6-19-4失败图（2）：黑1点，白2接，以后A、B两点白棋必得其一。另外，以后黑棋若下C位，白棋下在B位，白棋也活。

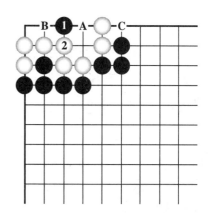

题6-19-4失败图（2）

第20课

题6-20-1正解图：黑1扑，白2提，黑3立，角上白子已无法连回，白棋被吃，黑棋活棋。

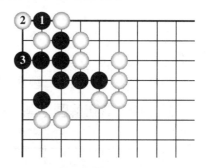

题6-20-1正解图

题6-20-2正解图：黑1点，要点。白2顶，黑3立，紧气。白4扑，黑5提，形成"劫活"。

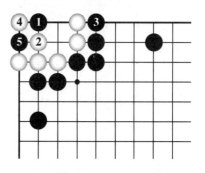

题6-20-2正解图

题6-20-3正解图：黑1点，要点。白2接，黑3抢占眼形要点，白4立，扩大眼位，黑5长，占眼形要点，形成"盘角曲四"之型，白棋将最终被杀。

题6-20-4正解图：黑1冲，白2挡，黑3断，白4打吃，黑5立，黑棋次序井然。至白8提，形成"大头鬼"。以后黑9在3位扑，白10在5位提，黑11在A位接，白棋被杀。

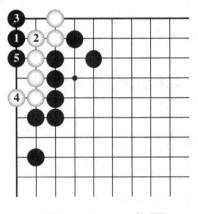

题6-20-3正解图

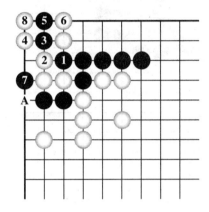

题6-20-4正解图 ❾=❸ ⑩=❺

第24课

一、题8-24-1，4目；题8-24-2，4目。

二、题8-24-3正解图：黑1跳，好棋！这样黑棋构成"箱形"。

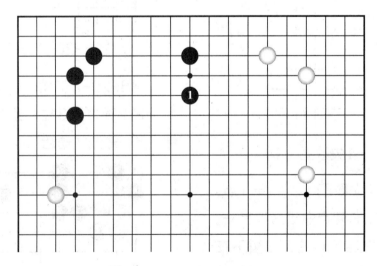

题8-24-3正解图

题8-24-4正解图：黑1拆边，好棋！和黑 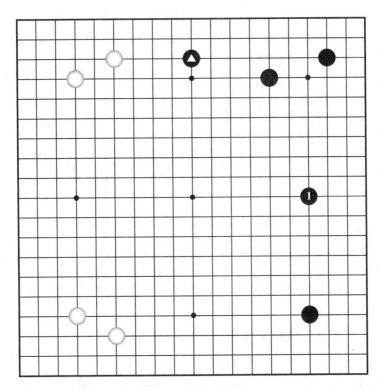 子形成以角为中心向两翼开拆的好形。

题8-24-4正解图

第25课

一、题8-25-1，小飞守角；题8-25-2，一间高挂；题8-25-3，小飞挂角；题8-25-4，大飞守角。

二、

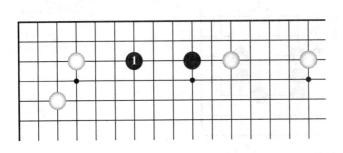

题8-25-5正解图

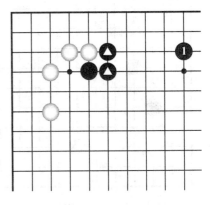

题8-25-6正解图

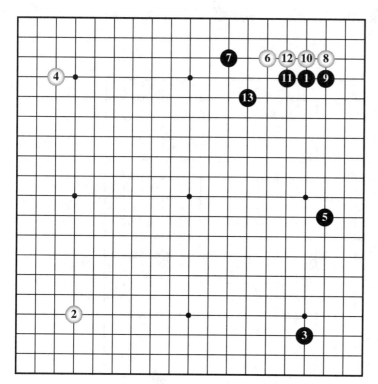

题 8-26-1 正解图

第26课

题8-26-1正解图：右上角白6至黑13也是一定式，白棋取角部实地，黑棋取外势，由于黑3、黑5两手棋，黑方此时选择此定式，左边棋形结构良好，布局成功。

第27课

题9-27-1正解图：白1肩冲，压缩黑棋并扩张自己的右边，好棋。黑2长，白3跳，黑4挖，白5挡，黑6粘，白7虎。白棋棋形立体感强，既加强了对中腹的控制，又对左下角的白棋有所呼应。

题9-27-1正解图

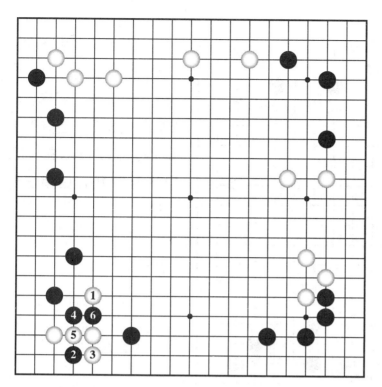

题9-27-1失败图

题9-27-1失败图：白1跳，黑2点，试白棋的应手，好棋。白3挡，黑4小尖，白5接，黑6冲，白1被断，白棋失败。

题9-27-1失败图

初学者经常随着对手的节奏行棋，容易造成题9-27-1失败图的结果，请大家仔细品味二者之间的区别。

第28课

题9-28-1失败图：白4虎，好像是棋形的要点，但被黑5跳出，白棋反而受攻，白棋失败。

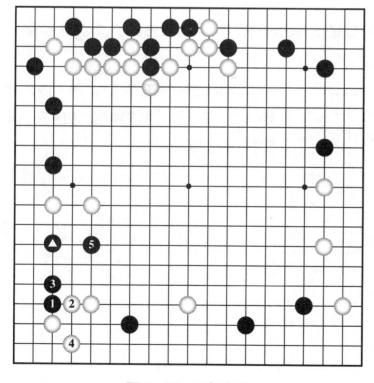

题9-28-1失败图

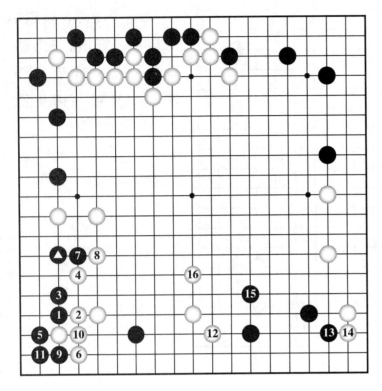

題9-28-1正解圖

題9-28-1正解圖：
白棋着眼全局，走厚中
央。白4肩冲，好棋。黑
5扳，白6虎，是棋形的
要点。黑7长，白8扳，
以下至白16，白棋全局
主动。

第29课

题10-29-1，A、B、D、C是正确的收官顺序，A为双先官子，B为逆收官子，D和C是双后官子，D比C大。

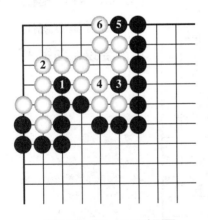

題10-29-2正解圖

題10-29-2正解圖：黑1挤，先
手，白2只能接，黑3冲吃，白4接，黑
5冲，白6挡。

第 30 课

题 10-30-1正解图：白1、3扳粘，次序正确。黑4接后，白棋再5、7扳粘，这样黑空是18目。其中，白1、3扳粘是先手。

题 10-30-2正解图：黑1小尖，最大。白2挡，至白6，黑7逆收，以下至黑11，黑空是11目。

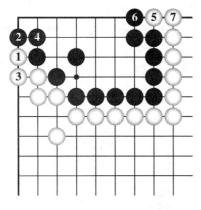

题 10-30-1正解图

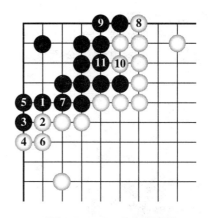

题 10-30-2正解图

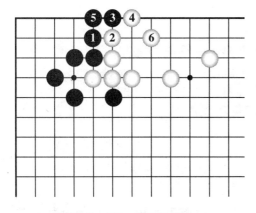

题 10-30-3正解图

题 10-30-3正解图：黑1立是正确的手段。白2挡，黑3、5扳粘，至白6，黑棋先手7目。

好书介绍

《象棋入门一本就够》

一学就会的成人象棋入门书。每天一课，30课象棋知识全面掌握。

《象棋战术一本就够》

11大类战术，230余战例详解，40局名家实战解析。得子、入局、抢先，战略目标明确，战术清晰易懂。

《象棋基本战术宝典——顿挫与腾挪》

强化讲解重要运子战术——顿挫与腾挪，串联各种象棋战术、残局、杀法必不可少的基本战术书。

《象棋入门与提高》（全4册）

打破以往象棋书死记硬背套路的模式，从职业棋手的思路、目标及执行方法讲起，逐步推导不同棋形之间的关系和相互转化的过程，使读者掌握自我学习、研究棋谱的方法。

《儿童象棋基础教程》

系统性儿童象棋教程。每周一课，轻松学棋，讲解 + 习题，循序渐进。

《围棋入门一本就够》

简单明了的成人围棋入门书。每天一课，30 课围棋知识全面掌握。

《围棋入门口袋书》

真正零基础入门，小身材，大容量，丰富的例题，超全面的围棋知识。轻松索引，不懂就查。

《围棋宗师坂田荣男决胜名局》

坂田荣男，与吴清源齐名的日本围棋巨匠！职业棋手精到讲解，打谱学习宝典！助棋艺快速升级。

《不得贪胜》——"石佛"李昌镐唯一自传！

了解李昌镐的围棋人生，品味"不得贪胜"的胜负哲学，挖掘才能与意志的力量，领悟想赢必须学会舍弃的智慧。

《儿童围棋基础教程》(全 4 册)

系统性儿童围棋教程。每周一课，轻松学棋，讲解 + 习题，循序渐进。

《李昌镐儿童围棋课堂》(全 5 册)——李昌镐亲自授权的围棋入门书！

好玩的卡通画帮助记忆，让孩子从零开始，轻松入门。

《围棋基础自测 1200 题》(全 3 册)

零基础习题，上手无门槛。全图解、少文字，儿童轻松使用。全方位解答，家长辅导无忧。